Thomas Wiedenhorn

Das Portfolio-Konzept

in der Sekundarstufe

Individualisiertes
Lernen organisieren

Verlag an der Ruhr

Impressum

Das Portfolio-Konzept in der Sekundarstufe
Individualisiertes Lernen organisieren

Autor:

Thomas Wiedenhorn

Fotos:

Thomas Wiedenhorn, Anja Engel
© PhotoCase.com S. 21, 40, 42, 54, 60

Druck:

Druckerei Uwe Nolte, Iserlohn

Verlag an der Ruhr

Alexanderstraße 54 – 45472 Mülheim an der Ruhr
Postfach 10 22 51 – 45422 Mülheim an der Ruhr
Tel.: 0208/439 54 700 – Fax: 0208/439 54 239
E-Mail: info@verlagruhr.de
www.verlagruhr.de

© Verlag an der Ruhr 2006
ISBN 10: 3-8346-0152-7 (bis 12/2006)
ISBN 13: 978-3-8346-0152-0 (ab 2007)

geeignet für die Klasse 5 6 7 ... 12 13

Gedruckt auf chlorfrei gebleichtes Papier.

Die Schreibweise der Texte folgt der neuesten Fassung
der Rechtschreibregeln – gültig ab August 2006.

Vorwort

Schule und Unterricht gelten spätestens seit PISA als gesellschaftliches Problemfeld.

Die Medien und frustrierte Praktiker vermitteln den Eindruck, es brenne auf dem Schulhof an allen Ecken und Enden, und die Zweifel der Öffentlichkeit an der grundlegenden Funktionsfähigkeit von Schule wachsen. Kultusminister und Schulbehörden sehen in der mangelnden „Effizienz" von Unterricht den zentralen Brandherd und versuchen, ihn mit Maßnahmen wie Evaluationsvorhaben, Leistungstests, verkürzter Schulzeit oder zentralen Prüfungen einzudämmen. Doch es genügt nicht, Qualitätssicherungsstrategien nach betriebswirtschaftlichem Vorbild umzusetzen, um die Wirksamkeit von Unterricht zu erhöhen. Die Diskussion um Bildungsstandards muss dazu führen, dass nach innovativen Formen des Lernens und Lehrens gesucht wird, die mehr Forderungen erfüllen, als nur die Steigerung von Schülerleistungen.

Eine wichtige Entwicklungsperspektive für eine rundum erfolgreichere Schule liegt meiner Ansicht nach in der Portfolio-Arbeit, die Anfang der 90er Jahre in den USA entwickelt wurde. Sie ermöglicht es, Lernen zu individualisieren und gleichzeitig die Selbstständigkeit des Schülers* zu fördern. Schüler, die mit den Leistungsmappen arbeiten, bearbeiten Themen, die sie interessieren, finden gemeinsam mit anderen eigene Lernwege und gewinnen Vertrauen in ihre Fähigkeiten. Außerdem ermöglicht das Portfolio-Konzept in seiner konsequenten Umsetzung auch eine Öffnung des Unterrichts nach außen.

Damit sich das Portfolio an den Schulen etablieren kann, ist es wichtig, dass viele einzelne Lehrer Erfahrungen damit machen und sie weitergeben. Auch Sie müssen das Rad nicht neu erfinden. Das **Portfolio-Konzept in der Sekundarstufe** liefert Ihnen grundlegende Informationen, Praxisberichte und Kopiervorlagen, damit Sie Ihre Lust auf Portfolio-gestützten Unterricht schnell und einfach umsetzen können und Ihre Schüler größtmöglich davon profitieren.

Besonders bedanken möchte ich mich für die fachkundige Unterstützung bei der Anfertigung und Überarbeitung dieses Buches bei Anja und Ulrike. Die Arbeit selbst widme ich meinem Sohn Jonas, dem ich eine bessere Schule wünsche.

Thomas Wiedenhorn

---

* Aus Gründen der besseren Lesbarkeit haben wir in diesem Buch durchgehend die männliche Form verwendet. Natürlich sind damit auch immer Frauen und Mädchen gemeint, also Lehrerinnen, Schülerinnen etc.

Einleitung

Sie möchten dem individuellen Lernprozess des einzelnen Schülers mehr Beachtung schenken und seine Selbstständigkeit fördern? Das Portfolio-Konzept ermöglicht es Ihnen, dieses Vorhaben in Ihrem Klassenzimmer in die Tat umzusetzen.

In einem Portfolio legt der Schüler eine zielgerichtete Auswahl von eigenen Arbeiten an. Dabei geht er weitgehend selbstständig vor, und der Lehrer rückt in den Hintergrund. Planung und Durchführung des Lernens liegen beim Schüler selbst. Damit gibt das Portfolio-Konzept dem Schüler inhaltliche und methodische Freiheiten zurück und dem Lehrer Zeit und Gelegenheit zur individuellen Förderung des Einzelnen. Doch was ist daran so neu? Bieten nicht auch Projektlernen oder Lernen an Stationen solche Möglichkeiten?

Das **Lernen mit Portfolios** weicht in einem wichtigen Punkt von den oben genannten offenen Lernformen ab: Wesentlich für die Arbeit mit dem Portfolio ist, dass der Lerner seinen Weg zum Ziel **dokumentiert** und seinen Lernfortschritt **reflektiert**.

Durch das Lernen und Arbeiten mit Portfolios wird der Lerner zum Experten für sein eigenes Lernen, denn es …

▷ hilft Schülern, über ihren eigenen Lernprozess nachzudenken und diesen selbst zu bewerten,

▷ bietet dem Lehrer die Möglichkeit, den Lernfortschritt des Einzelnen zu fördern,

▷ motiviert Schüler dazu, sich Lernstoff selbstständig anzueignen,

▷ dokumentiert Lernprozesse auch in Bereichen, die bei der konventionellen Leistungsmessung und -beurteilung zu kurz kommen (soziales Lernen, kommunikative Kompetenzen),

▷ macht Eltern zu Lernberatern und holt sie ins Klassenzimmer.

Mit dem Aufkommen von Bildungsstandards und der Forderung nach einer stärkeren Individualisierung des Lernens, ist auch das Interesse an der noch relativ jungen Lehr- und Lernform Portfolio gewachsen – in der Praxis und in der Theorie: Unter dem Stichwort **Portfolio im Unterricht** versammelt sich derzeit eine Vielzahl von didaktischen Zielsetzungen und Ansätzen. Portfolios werden als Allheilmittel gegen mangelnde Unterrichtsqualität gehandelt. Doch wer jetzt in blinden Aktionismus verfällt, riskiert, dass das Portfolio-Konzept in der Praxis scheitert. Lernen und Arbeiten mit den Leistungsmappen muss, wie jede andere neue Unterrichtsmethode, sorgfältig durchdacht und geplant sein.

Damit Sie Portfolios schnell und erfolgreich einsetzen können, wird ein **kurzer theoretischer Exkurs** im ersten Kapitel Ihnen zunächst grundlegende didaktische Verfahren und Begriffe vorstellen. Er bildet die Grundlage für das zweite Kapitel, das eine **in der Praxis erprobte Unterrichtseinheit** vorstellt.

Diese wurde so konzipiert, dass sie in Form von Einzelstunden innerhalb eines Faches ebenso eingesetzt werden kann, wie für ein fächerübergreifendes Portfolio-Projekt.

Das
Portfolio-Konzept in der Sekundarstufe

Kapitel 1

Das Portfolio: eine neue Lehr- und Lernform

Was heißt eigentlich „Portfolio"?

Zusammengesetzt aus dem lateinischen *portare* tragen und *folium* Blatt, bedeutet Portfolio nicht mehr als „etwas, womit man Blätter transportieren kann."

Ursprünglich war ein Portfolio daher eine Mappe, in der z.B. Künstler eine Sammlung ihrer Texte oder Bilder anlegten, um damit ihre künstlerische Entwicklung zu dokumentieren. Mittlerweile taucht der Begriff in ganz unterschiedlichen Zusammenhängen und Fachgebieten auf. An der Börse bezeichnet er die gesammelten Wertpapieranlagen eines Anlegers. Mit Hilfe des Portfolios können die Kunden die Entwicklung ihrer Geldanlagen über einen längeren Zeitraum verfolgen, untersuchen und bewerten.

Die Beispiele zeigen: Was unter einem Portfolio genau zu verstehen ist, bestimmt in erster Linie sein **Verwendungszweck**. Auch im Bildungsbereich gibt es bislang keine einheitliche Definition. Selbst dem von einigen Didaktikern derzeit beschworenen Portfolio-Boom ist es nicht gelungen, die unterschiedlichen Ansätze zu vereinheitlichen. Theoretische Konzepte sind bislang auf einzelne fachdidaktische Bereiche begrenzt, erprobte Unterrichtsbausteine für einen fachbezogenen Portfolio-Einsatz in der Schule gibt es nur einige wenige.

Lernen mit Portfolios

Eine verbreitete Definition von Portfolios im Bildungsbereich lautet:

> **„Ein Portfolio ist eine dynamische, zielgerichtete und systematische Sammlung von Arbeiten, die Bemühungen, Fortschritte und Leistungen des Lernenden in einem oder mehreren Lernbereichen darstellt und reflektiert".**
> *(Melograno, S. 52)*

Diese frühe Begriffsbestimmung nennt zwei wesentliche Merkmale der Portfolio-Arbeit, die heute als ihre zentralen Prinzipien gelten: **Darstellung (bzw. Dokumentation) und Reflexion der Lernfortschritte**.

Das Aufkommen des Portfolio-Ansatzes weckte bei vielen Didaktikern, die seit Langem die Öffnung des Unterrichts herbeisehnen, neue Hoffnungen. Vor allem eine **Individualisierung von Lernen** soll nach dem Wunsch vieler in dieser Lern- und Arbeitsform ihre praktische Umsetzung finden. Kann das Konzept diese Erwartungen erfüllen? Portfolios sind keine Wunderwaffe, die die grundlegenden Probleme von Schule und Unterricht auf einen Schlag lösen kann. Sie bieten dem Lehrer aber tatsächlich eine hervorragende Möglichkeit für formative Diagnostik, d.h. anders als bei konventionellen Schülerprodukten, liefern Portfolio-Arbeiten direkte Ansatzpunkte für eine gezielte individuelle Förderung.

Die drei zentralen Prinzipien der Portfolio-Arbeit

Wenn das Portfolio-Konzept in den Klassenzimmern nicht zu didaktischen Fehlzündungen führen soll, die zwar einen methodischen Trend bedienen, aber keine wirkliche Verbesserung von Unterricht bewirken, müssen seine didaktischen Prinzipien allen Beteiligten klar sein. Sie bilden die Basis der Portfolio-Arbeit und bestimmen gleichzeitig, welche grundlegenden Ziele damit verfolgt werden:

▷ **Partizipation**
Die Schüler sind an der Organisation, Planung und Durchführung des Unterrichts beteiligt.

▷ **Selbststeuerung des Lernens**
Die Schüler erwerben die Fähigkeit, ihren Lernprozess selbst zu planen und eigenständig zu steuern.

▷ **Reflexion**
Die Schüler denken über ihre Lernerfolge, -wege und -probleme nach und besprechen sie mit anderen.

Umgesetzt in die Praxis bedeuten diese Prinzipien: Das Lernvorhaben selbst gleicht einem selbstständigen Forschungsprojekt unter Aufsicht und mit Betreuung von Experten, wobei die Forschenden ihren Lernprozess selbst dokumentieren und reflektieren.

Mitbestimmung, Selbststeuerung und Reflexion bestimmen die Arbeit am Portfolio von Beginn der Unterrichtseinheit an. Innerhalb eines vorgegebenen Rahmens wählen die Schüler die Inhalte ihres Lernens selbstständig aus und bestimmen gemeinsam mit dem Lehrer die Kriterien für die Gestaltung des Lernprozesses und die Beurteilung seiner Ergebnisse.

Sie planen ihr Lernvorhaben selbstständig und kontrollieren, unterstützt durch den

Lehrer und ihre Mitschüler, regelmäßig ihren Lernerfolg. Mit der Einbindung in inhaltliche und organisatorische Entscheidungen fördert das Portfolio-Konzept die Lernmotivation des Einzelnen und verleiht dem Lernen mehr Bedeutsamkeit. Nach der Auswahl einer so genannten Forscherfrage, die einen Rechercheauftrag zu einem bestimmten Thema darstellt, erstellen die Schüler als Erstes ihren persönlichen Arbeitsplan. Das weitere Unterrichtsgeschehen ist dann vom individuellen Lernverlauf der Schüler abhängig. Wann sie die Beratung des Lehrers oder die Unterstützung von Mitschülern brauchen, entscheiden sie selbst. Die Aufgabe der Lehrenden ist es, die Schüler bei ihrem selbstständigen Lernen und Arbeiten zu unterstützen. Die Schüler legen fest, welche Arbeiten sie in ihre Mappe aufnehmen, und begründen ihre Auswahl. Durch diese zielgerichtete Sammlung entsteht schließlich eine **Chronologie ihres inhaltlichen und methodischen Lernprozesses**, die ihre Bemühungen und Fortschritte nachzeichnet.

Durch Portfolio-Arbeit gewinnt der **Prozess des Lernens** an Gewicht gegenüber dem Lernprodukt.

Eng mit dem Prinzip der Selbststeuerung verknüpft, ist die **Reflexion** der Schüler. Reflexion bedeutet konkret, dass sie über ihre eigene Lernentwicklung, ihre Fortschritte und Schwierigkeiten bewusst nachdenken und diese Gedanken auch schriftlich festhalten. Diese Texte sind ein wichtiger Bestandteil des Portfolios. Der gesamte Arbeitsprozess wird von Phasen der Reflexion begleitet, die darauf abzielen, nicht nur die Ergebnisse, sondern vor allem den Lernfortschritt des Einzelnen sichtbar zu machen.

Folgende Kriterien sollte die schriftlich formulierte Selbstreflexion des Schülers berücksichtigen:

▷ Die Selbstreflexion muss sich auf die Inhalte des Portfolios beziehen und den Lernprozess darstellen.

▷ Sie sollte in ganzen Sätzen als zusammenhängender Text formuliert sein.

▷ Der Schüler sollte seine Aussagen möglichst auf den Punkt bringen und Aussagen wie „ Ich habe heute ganz viel Neues gelernt" vermeiden. Stattdessen sollte er schreiben: „Ich habe heute viel gelernt über …"

▷ Der Schüler soll sich genug Zeit für seinen Gedanken nehmen und lieber zu viel als zu wenig schreiben.

Beim Lernen und Arbeiten mit Portfolios bestimmt der Schüler also nicht nur darüber mit, was er lernt, auf welche Weise und in welchem Tempo, sondern erwirbt auch grundlegende Kompetenzen (Zeitmanagement, Urteilsfähigkeit), die es ihm ermöglichen, sein Lernen in Zukunft selbst zu planen und zu steuern. Eine Individualisierung des Lernens mit einer gleichzeitigen Förderung von Selbstständigkeit und Eigenverantwortung ist somit möglich. Davon profitieren Ihre Schüler nicht nur im Klassenzimmer, sondern vor allem auch außerhalb der Schule.

Selbststeuerung und Selbstständigkeit

Reflexion und Selbststeuerung des eigenen Lernprozesses sind grundlegende Ziele des Portfolio-Ansatzes. Das Hauptanliegen der Portfolio-Arbeit ist es, den Lernenden zum **Experten für seinen eigenen Lernprozess** zu machen.

Selbststeuerung bedeutet die Fähigkeit, das eigene Lernen planen, steuern und bewerten zu können.

Viele Lehr- bzw. Bildungspläne erklären heute die Selbstständigkeit des Schülers beim Lernen zum fächerübergreifenden Bildungsziel. Deshalb sollen ihre Grundlagen und Bedingungen im Folgenden etwas genauer dargestellt werden. Die Forderung nach Selbstständigkeit des Schülers entspringt nämlich nicht der Debatte um Kompetenzen und Bildungsstandards, sondern hat ihren Ursprung im **konstruktivistischen Lernen**. Der Konstruktivismus ist eine Lerntheorie, deren Kernthese lautet, dass jeder Lernende aufgenommene Information nach ganz eigenen Strukturen abspeichert und ordnet, wodurch sich eine individuelle Logik des Denkens entwickelt. Aus konstruktivistischer Sicht ist die Annahme, Wissen könne vom Lehrer quasi eins zu eins an die Schüler weitergegeben werden, nicht haltbar. Genau diese Vorstellung liegt aber immer noch vielen didaktischen Modellen und dem Großteil der Unterrichtspraxis in den Schulen zu Grunde. Nach wie vor versteht man unter erfolgreicher schulischer Wissensvermittlung ein „Abarbeiten" vorstrukturierter Inhalte in kleinen Schritten. Dabei wird argumentiert, dass die Lernenden erst dann komplexere Aufgaben lösen könnten, wenn sie leichtere bewältigt hätten – nach dem allgemeinen Lehrgrundsatz: vom Einfachen zum

Schweren. Die Tatsache, dass sich bereits Kinder hochkomplexe Themengebiete selbst aneignen können, bleibt dabei oft unbeachtet. Anhand konkreter Problemstellungen können sie sich nach und nach Inhalte ohne jegliche didaktische Reduktion erarbeiten. Wer einmal erlebt hat, wie ein Sechsjähriger die lateinischen Namen von 23 Dinosaurierarten aufzählt und ihre Lebensumstände und Verhaltensweisen detailliert erklärt, kann dieses Phänomen bestätigen.

Individuelle Lernwege

Nach Auffassung des Konstruktivismus konstruiert der Lerner sein Wissen aus den Informationen, die er in seiner Umgebung findet, nach einem ganz individuellen Muster. Ausgangspunkt eines Lernens im konstruktivistischen Sinn ist eine komplexe Fragestellung. Indem sie diese Fragestellung in ihre Einzelaspekte zerlegen, reduzieren sie Schritt für Schritt diese Komplexität, begreifen Zusammenhänge, stellen Thesen auf und überprüfen sie.

Erst wenn sich der Lerner dieses Konstruktionsprozesses bewusst ist und sich darüber mit anderen austauscht, findet er heraus, ob seine Überlegungen auch richtig sind, d.h. ob sie Allgemeingültigkeit besitzen. Die konstruktivistische Auffassung von Lernen verlangt also, dass Schüler sowohl über ihr eigenes Lernen nachdenken als auch mit anderen darüber sprechen. Mit dem Portfolio-Konzept lassen sich die konstruktivistischen Forderungen an das Lernen in der Schule einlösen:

▷ Die Schüler lernen in einer anregenden Lernumgebung, die verschiedene Gesprächsformen zulässt.

▷ Entdeckendes Lernen und die Sicht auf Lerninhalte aus verschiedenen Blickwinkeln werden gefördert.

▷ Der Lern- und Bewertungsprozess ist für den Schüler durchschaubar.

▷ Die Schüler arbeiten an komplexen Aufgabenstellungen, die nicht didaktisch vereinfacht und geordnet sind:

▷ Der Lernprozess läuft weitgehend selbstgesteuert ab.

▷ Die Schüler beraten sich beim Lernen gegenseitig.

▷ Der Lernerfolg wird weniger anhand der Ergebnisse beurteilt, als vielmehr anhand des Fortschritts des Einzelnen.

Sieben Phasen der Portfolio-Arbeit

Auch wenn der Portfolio-Ansatz in Theorie und Praxis viele unterschiedliche Ansätze umfasst, lassen sich bei jedem Einsatz der Leistungsmappen im Unterricht bestimmte Phasen ausmachen, die grundlegend für jede Art von Portfolio sind.

Ich unterscheide dabei sieben Phasen der Portfolio-Arbeit. Sie folgen nicht immer nacheinander, sondern können sich überschneiden oder parallel zueinander verlaufen.

1. ▶▶ **Am Anfang der Portfolio-Arbeit steht die gemeinsame Klärung der Ziele, die mit dem Portfolio verfolgt werden.**

Sie bestimmen anschließend die Suche nach einem geeigneten Thema. Dabei lässt es sich nicht vermeiden, dass der Lehrer eine grobe inhaltliche Richtung, z.B. „Sport", vorgibt, schließlich muss er sich an den Vorgaben des Bildungsplans orientieren. Weil die Mitbestimmung der Schüler an der inhaltlichen

Gestaltung des Unterrichts ein wesentliches Element der Portfolio-Arbeit ist, sind die Schüler bei der Wahl ihrer persönlichen Forscherfrage innerhalb des übergeordneten Themas völlig frei. Sie formulieren eine Fragestellung, die einen überschaubaren Bereich innerhalb des thematischen Rahmens abdeckt, z.B. *„Welche Formen von Doping gibt es im Leistungs- und Freizeitsport?"*

Ziel ist es, durch eine inhaltliche Recherche die Antwort auf diese Frage zu finden und für den Leser überzeugend darzustellen. Die Schüler können sich also den Teilaspekt des Themas, über den sie mehr erfahren möchten, selbst aussuchen, d.h. sie können das Ziel ihrer Anstrengungen zu einem großen Teil selbst bestimmen. Dadurch sind sie sehr viel motivierter bei der Sache als bei der Arbeit an vorgegebenen Lernzielen, die überhaupt nicht mit ihren persönlichen Interessen übereinstimmen. Durch die freie Wahl einer Forscherfrage kann zum einen den individuellen Neigungen der Schüler Rechnung getragen werden, zum anderen gelangt damit auch eine demokratischere Entscheidungskultur ins Klassenzimmer.

2. ▶▶ **Danach legen Lehrer und Schüler gemeinsam fest, welche Bedingungen für das Arbeiten an den Portfolios gelten sollen.**

Sie erarbeiten eine Sammlung von Kriterien, die als Rahmenrichtlinien für die Erstellung und Bewertung des Portfolios dienen sollen. An dieser Richtschnur können sich die Lernenden dann bei der Überarbeitung und Reflexion ihrer Arbeiten orientieren. Mit diesen Rahmenrichtlinien erhalten sie das organisatorische Hilfsmittel, das ihnen hilft, ihr Lernen und Arbeiten in die eigene Hand zu nehmen. In dieser Phase kann der Lehrer auch eine bestimmte Anzahl von Pflichtaufgaben stellen. Damit schränkt er zwar die

Schüler in ihrer Gestaltungsfreiheit ein, sorgt aber dafür, dass im Bildungsplan vorgegebene Lernziele auch von allen erreicht werden. Die Schüler können auch so genannte fakultative Arbeiten anfertigen. In deren Gestaltung sind sie völlig frei. Einzige Vorgabe: Auch sie müssen auf die Beantwortung der Forscherfrage abzielen und in den thematischen Rahmen passen.

stellen zu können, muss der Schüler vor allem Arbeiten auswählen, die möglichst aussagekräftig sind und den gemeinsam festgelegten Kriterien entsprechen. Die Summe der Entscheidungen wird schließlich in einem Text, der sich an die Leser des Portfolios wendet, deutlich gemacht (s. S. 96). Darin erläutert der Verfasser des Portfolios seine Vorgehensweise und begründet sie.

3. ▸▸ Der eigentliche Arbeitsprozess kann jetzt beginnen.
Als Erstes planen die Schüler selbstständig ihren Lernprozess und halten ihre Planung schriftlich fest. Dann machen sie sich daran, in unterschiedlichen Medien nach Informationen zu recherchieren, die eine Beantwortung ihrer individuellen Fragestellung bzw. Forscherfrage ermöglichen. Ihre Sammlung legen sie zielgerichtet und systematisch an, das heißt, sie sammeln nur die Texte, von denen sie glauben, dass sie wichtig für ihr Thema sind. Soviel zur Theorie: Ein Blick in die Mappen während dieser Sammelphase lässt jedoch häufig vermuten, dass hier nur ein ungeordneter Wust von Texten und Bildern entsteht. Keine Angst! An dieser Stelle des Portfolio-Prozesses ist kreatives Chaos noch ganz normal. Den Arbeitsprozess des Schülers unterstützt der Lehrer mit Hilfe von so genannten Formblättern (z.B. Beurteilungsbögen, s. Anhang). Sie enthalten Informationen, die dem Lerner bei der organisatorischen und inhaltlichen Gestaltung seines Lernprozesses helfen.

4. ▸▸ Während des Erarbeitungsprozesses legt der Schüler zunächst alle angefertigten Arbeiten und Entwürfe in seiner Mappe ab.
Gegen Ende der Arbeitsphase entscheidet er dann, welche Produkte im Portfolio verbleiben, und begründet seine Auswahl schriftlich. Um seinen individuellen Lernerfolg dar-

5. ▸▸ Über die gesamte Portfolio-Arbeit hinweg reflektieren die Schüler ihren Lernprozess.
Wenn sie z.B. Probleme haben, unwichtige von wichtiger Information zu unterscheiden, machen sie sich ihr Vorgehen bewusst und versuchen, daraus Schlussfolgerungen für ihr weiteres Lernen zu ziehen. Diese Reflektionsphasen sind eine grundlegende Voraussetzung dafür, dass die Schüler die Fähigkeit erwerben, ihr Lernen selbst zu planen und zu steuern. Natürlich sind ihre Überlegungen für den Lehrer von besonderem Interesse. Dadurch, dass die Schüler sie schriftlich festhalten, erfährt er, wie der Einzelne beim Lernen vorgeht und auf welche Schwierigkeiten er dabei gestoßen ist. Mit diesen Informationen kann der Lehrer seine Beratung optimieren. Der Lernende hat während der gesamten Arbeitsphase die Möglichkeit, sich von Lehrern, Mitschülern und auch Eltern unterstützen zu lassen. Die Beratung durch die Mitschüler, Peer-Beratung genannt, vereinbart der Schüler dann, wenn er sie für notwendig hält. Sie sollte jedoch mindestens zwei Mal während der Portfolio-Einheit stattfinden. Auch wenn der Schüler gar kein Lernproblem hat (oder glaubt, keines zu haben), unterstützt ihn der Austausch mit anderen dabei, seine Methoden und Ergebnisse fortwährend zu verbessern, und fördert außerdem seine soziale und kommunikative Kompetenz.

Im letzten Drittel der Portfolio-Arbeit findet ein Beratungsgespräch zwischen Eltern, Lehrer und Schüler statt (Schüler-Eltern-Lehrer-Gespräch), bei dem die Erziehungsberechtigten die Leistungsmappe ihres Kindes sichten und beurteilen (s. S. 89).

 **Den Schluss der Portfolio-Einheit bildet die Präsentation des Portfolios vor der Klasse oder außerhalb der Schule.**

Die Schüler stellen ihre Arbeitsergebnisse vor und berichten von ihren Lernerfahrungen. Dabei verbessern sie ihre Präsentationstechniken und erfahren gleichzeitig Anerkennung für wochenlanges engagiertes Arbeiten. Die Präsentationen geben außerdem eine Gesamtschau aller Portfolios in der Klasse. Damit wird deutlich, aus wie vielen Einzelaspekten sich das übergeordnete Thema zusammensetzt. Auch Büchereien und Ausstellungen können als Präsentationsorte dienen.

Nachdem der Schüler sein Portfolio präsentiert hat, beurteilt es der Lehrer.

Diese Beurteilung besteht immer aus einem ausführlichen Feedback, das in eine Note münden kann, aber nicht muss. Erfahrungsgemäß wünschen sich allerdings auch die Schüler, dass ihre Bemühungen durch eine Note honoriert werden. Bei der Bewertung, bzw. Beurteilung (Qualitätseinschätzung ohne Vergabe einer Note) hat der Lehrer die Möglichkeit, nur ausgewählte Arbeiten zu beurteilen oder die Mappe als Ganzes. Da das Portfolio das individuelle Lernen unterstützen und Verbesserungsmöglichkeiten aufzeigen soll, muss die Bewertung oder Beurteilung möglichst individuell rückgemeldet werden. Eine Zensur reicht dazu nicht aus. Nur mit dem verbalen Feedback in schriftlicher oder mündlicher Form kann man den Bemühungen des Schülers gerecht werden. Jede Beurteilung muss außerdem für den Schüler durchschaubar und nachvollziehbar sein.

Der Ablauf einer Portfolio-Einheit

1. **Festlegen der Lernziele durch den Lehrer, Formulieren der Forscherfrage durch die Schüler**

2. **Festlegen von Kriterien und Aufgabenformen (Pflicht- oder fakultative Aufgaben)**

3. **Sammel- und Arbeitsphase**

4. **Auswahl**

5. **Reflexion und Beratung**

6. **Präsentation**

7. **Beurteilung und/oder Bewertung**

Portfolio-Typen

Grundsätzlich kennzeichnet Portfolios eine **inhaltliche Offenheit**: Der Schüler kann frei entscheiden, welche Arbeiten er in seine Leistungsmappe aufnimmt, solange sie den vereinbarten Kriterien und den übergeordneten Lernzielen entsprechen.

Der Inhalt des Portfolios kann in vier Kategorien eingeteilt werden:

▷ Aufgaben, die bearbeitet werden müssen (Pflichtaufgaben),

▷ Arbeitsergebnisse, die die Schüler freiwillig (evtl. außerhalb des Unterrichts) anfertigen (fakultative Aufgaben),

▷ Rückmeldungen bzw. Kommentare von Lehrern, Mitschülern und Eltern,

▷ Reflexionen der Schüler über ihren Lernprozess und Selbstbeurteilungen ihrer Ergebnisse.

Je nach didaktischer Zielsetzung kann das Portfolio Pflichtaufgaben enthalten oder nicht. Es ist ist jedoch immer eine Mappe, mit der Schüler eine Auswahl von Arbeiten sammeln. Hinter dieser einfachen Definition steckt in der Praxis eine Vielfalt von Portfolio-Typen, die sich, was Struktur und Zielsetzung betrifft, voneinander unterscheiden.

Für die Schule bietet sich eine Bestimmung von Portfolios nach ihrem **Verwendungszweck** an. Grundlegend ist dabei die Frage: Soll durch das Portfolio vorrangig das Lernergebnis des Schülers oder seine Lernentwicklung beurteilt werden?

Dementsprechend unterscheidet man grundsätzlich in Prozess- und Produkt-Portfolios:

▶ Das Prozess-Portfolio

Dieser Portfolio-Typ dokumentiert, analysiert und beschreibt den Lernprozess eines Schülers. Dadurch, dass z.B. Zwischenergebnisse aus verschiedenen Arbeitsphasen abgeheftet werden, wird nachvollziehbar, wie die Arbeiten des Schülers entstanden sind. Neben dem Erwerb bestimmter Lerninhalte, soll hier vor allem die Fähigkeit des Schülers gefördert werden, seinen eigenen Lernprozess zu reflektieren. Der Schüler macht sich sowohl vor als auch nach dem Arbeitsprozess Gedanken über sein Lernen, schreibt sie nieder und heftet sie in sein Portfolio ab: „Welche Probleme hatte ich beim Lernen? Wie habe ich sie gelöst? Wie hat das Arbeiten in der Gruppe funktioniert? Welche Erwartungen stelle ich an mein Lernen in Zukunft?" Die Reflexion sollte auch die Selbstbeurteilung der eigenen Leistung anhand bestimmter Kriterien mit einschließen. Während des gesamten Arbeitsprozesses wird er durch Beratung und Rückmeldung von Mitschülern und dem Lehrer unterstützt.

▶ Das Produkt-Portfolio

Hier werden Arbeiten ausgewählt und gesammelt, von denen der Schüler glaubt, dass sie ihm besonders gelungen sind und dass sie seine Bemühungen, Fortschritte und Leistungen am besten zeigen. Dabei können die Ergebnisse eines oder mehrerer Lernbereiche dargestellt sein, sodass das Produkt-Portfolio die Entwicklung des Sachwissens, die methodischen Fertigkeiten des Schülers und seine Sichtweise auf ein bestimmtes Thema dokumentiert. Beim Produkt-Portfolio spielt beides eine Rolle: das fertige Lernprodukt und der Lernprozess.

Egal, für welchen Portfolio-Typ Sie sich entscheiden, Unterricht auf Portfolio-Basis wendet sich immer von einem Lernen ab, das rein ergebnisorientiert ist. Viele Didaktiker halten es deshalb für wesentlich, dass auch **Entwürfe und Skizzen** von Arbeiten in das Portfolio mit aufgenommen werden und Lernprozess und Lernergebnis bei einer Bewertung gleiches Gewicht haben.

Sie sollten sich zu Beginn ihrer Planung auf jeden Fall entscheiden, ob der Schwerpunkt des Portfolios auf den **Ergebnissen** (Produkt-Portfolio) oder dem **Lernprozess der Schüler** (Prozess-Portfolio) liegen soll.

Allen Portfolios gemeinsam ist, dass sie eine Sammlung von Schülerarbeiten sind. Das müssen nicht nur einzelne schriftliche Texte sein. Es können auch Rechercheergebnisse ins Portfolio aufgenommen werden, die in Form ganzer Textsammlungen als Vorlage für eine Prüfung dienen.

Die Schüler können aber auch ganz andere Produkte erstellen: Videofilme, Fotocollagen, Hypertexte, die Dokumentation von Homepages und Internetseiten, PowerPoint-Präsentationen, Werkstücke, Arbeits- und Materialproben bzw. Versuchsergebnisse aus praktischen Unterrichtseinheiten. Was tatsächlich in die Mappe gelangt, ist abhängig von der Zielsetzung des Portfolios und den Auswahlkriterien des Schülers.

Ich unterscheide in der Praxis der Sekundarstufe fünf verschiedene Portfolio-Arten als Unterkategorien zwischen den beiden Polen des Produkt- und Prozess-Portfolios:

▷ Arbeits-Portfolio

Das Arbeits-Portfolio enthält eine Auswahl an Arbeiten des Schülers zu einem bestimmten Lerngegenstand. Dabei stehen die Entwürfe, an denen noch gearbeitet wird, im Vordergrund. Der Zweck dieses Portfolio-Typs ist es, eine **Diagnose** des aktuellen Lernprozesses zu ermöglichen bzw. eine Momentaufnahme von der Leistung des Schülers zu machen. Das bildet die Grundlage für eine differenzierte Leistungsrückmeldung an den Schüler und dient dem Lehrer als Ausgangspunkt für seine weitere Unterrichtsplanung. Dieser prozessorientierte Portfolio-Typ wird meist nicht benotet.

▷ Entwicklungs-Portfolio

Ziel dieses Portfolio-Typs ist es, die Lernentwicklung und den Wissenserwerb des Schülers aufzuzeigen. Es enthält Arbeiten im Rohzustand, die lediglich als Konzept vorliegen, bis hin zu fertigen Produkten. Sie sollen zeigen, was und wie der Schüler über einen **längeren** Zeitraum hinweg gelernt hat. Die Beurteilung dieses Portfolio-Typs setzt voraus, dass vorher gemeinsam vereinbart wurde, mit welcher Gewichtung die fertigen Ergebnisse und der Entstehungsprozess in die Bewertung mit eingehen. Diese eher prozessorientierte Portfolio-Art eignet sich vor allem für die **Einführung** des Portfolio-Konzeptes.

▷ Bewertungs-Portfolio

Die Hauptaufgabe des Bewertungs-Portfolios ist es, die Bewältigung von bestimmten Aufgaben zu dokumentieren. Es ist daher stärker auf das **Ergebnis des Arbeitsprozesses** ausgerichtet. Der Bildungsplan bzw. die Bildungsstandards bestimmen, welche Lerninhalte für das Portfolio ausgewählt werden. Das Bewertungs-Portfolio ist deshalb auch nicht so offen wie die anderen Portfolio-Arten. Adressaten sind Lehrer, Schule oder eine breitere Öffentlichkeit.

Wenn Portfolios der Leistungsmessung und damit der **Notengebung** dienen sollen, müssen die Kriterien, nach denen sie beurteilt werden, klar festgelegt sein. Das betrifft sowohl Umfang, Inhalt als auch sprachliche Gestaltung und äußere Form. Die Bewertung erfolgt meist in Form einer Ziffernnote, die von einem Worturteil begleitet wird. Das Bewertungs-Portfolio wird den Produkt-Portfolios zugeordnet.

▷ Vorzeige-Portfolio

Das Vorzeige-Portfolio enthält die seiner Meinung nach **besten Arbeiten** eines Schülers, d.h. die Arbeiten, die ihn besonders stolz machen. Die Lerner sind deshalb auch meist sehr motiviert, eine solche Sammlung anzulegen. Jeder Schüler zeigt gerne, was und vor allem, dass er etwas kann. Das Vorzeige-Portfolio macht damit öffentlich, was Schüler insgeheim für bedeutsam und sehenswert halten. Eine besondere Rolle spielt dabei, dass die Schüler ihre Auswahl **schriftlich begründen**. Der Schüler stellt seine Auseinandersetzung mit den ausgewählten Werken dar, deren Geschichte und seine Beziehung zu ihnen.

Er muss deutlich machen, warum er ausgerechnet dieses Produkt für eine gelungene Arbeit hält. Das Vorzeige-Portfolio ist besonders vielseitig, weil es Arbeiten enthält, die über einen längeren Zeitraum – über ein Schuljahr oder gar eine ganze Schulzeit hinweg – in einem oder mehreren Fächern entstanden sind. Es ist grundsätzlich ein Produkt-Portfolio.

▷ Bewerbungs-Portfolio

Das Bewerbungs-Portfolio ist vergleichbar mit einem **Empfehlungsschreiben**, das den Zugang zu Bildungs- oder Berufswegen ermöglichen soll. Es soll die Bereitschaft des Schülers zeigen, eine Herausforderung anzunehmen und Leistung zu bringen. Das Portfolio stellt die Lernprodukte und -prozesse einer ganzen Schullaufbahn, idealerweise vom Kindergarten bis zum Abschluss, dar. Wichtig ist, dass das Bewerbungs-Portfolio weiterführende, vielleicht sogar private Informationen über den Autor enthält. Eine Begründung für die Auswahl der einzelnen Portfolio-Arbeiten, eine Aussage zur Lebensphilosophie oder ein Video, das den Autor bei der Anfertigung einer Arbeit zeigt, geben z.B. einem zukünftigen Arbeitgeber ein genaues Bild des Bewerbers. Je nach Zielsetzung kann dieser Portfolio-Typ produkt-, prozessorientiert oder beides sein.

Nicht jeder Portfolio-Typ verlangt, wie das Arbeits-Portfolio, bei seiner Durchführung alle sieben Phasen der Portfolio-Arbeit. Vorzeige- oder Bewerbungs-Portfolio kommen ohne die aufwändige Recherche nach Informationen aus, da hier die Leistungsmappe nicht der Beantwortung einer Forscherfrage dient. Vielmehr ist hier das Portfolio ein Instrument dafür, im Regelunterricht angefertigte Arbeiten zu sammeln, zu dokumentieren und zu reflektieren.

Die oben genannte Aufzählung von Portfolio-Typen erhebt keinen Anspruch auf Vollständigkeit. In der Praxis sind noch viele **weitere Einsatzformen** des Portfolios denkbar.

Die Leistungsmappen eignen sich auch sehr gut, um andere offene Unterrichtsformen, wie Projektunterricht oder Wochenplanarbeit, zu begleiten. Sie werden dann dazu verwendet, den Arbeitsprozess des einzelnen am Projekt beteiligten Schülers zu dokumentieren und der Reflexion zugänglich zu machen.

Portfolio-Arbeit im Unterricht

Vor dem Einsatz von Portfolios im Unterricht müssen eine Reihe methodisch-didaktischer Überlegungen angestellt und organisatorische Fragen geklärt werden. Portfolio-Arbeit lässt sich nämlich dann am erfolgreichsten umsetzen, wenn sie Teil eines **schulischen Gesamtkonzeptes** ist, d.h. wenn die Arbeit mit Portfolios keine einmalige methodische Ausnahme ist, sondern regelmäßig in vielen Fächern durchgeführt wird. Dieses Anliegen der Portfolio-Verfechter scheitert aber häufig an den institutionellen Rahmenbedingungen einer Schule oder schlicht an ihrer methodischen Tradition.

■ Rahmenbedingungen

Soll die Portfolio-Arbeit in das Schulkonzept integriert werden, spielt die **didaktische Aufgabe**, die die Leistungsmappe im schulischen Kontext einnehmen soll, eine entscheidende Rolle. Es muss geklärt werden, in welchem unterrichtlichen Rahmen sie eingesetzt werden soll und wie viele Lehrer, Klassen und Fächer sich daran beteiligen werden.

Die Planung einer Portfolio-Einheit beginnt, wie jede andere didaktische Planung auch, damit, dass der Lehrende die **Lernziele** der Unterrichtseinheit festsetzt. Seit der aktuellen Reform der Lernzielkataloge hin zu Bildungsstandards schreiben Bildungspläne vor, welche Kompetenzen Schüler besitzen bzw. welche Inhalte und Fertigkeiten sie innerhalb einer bestimmten Zeit erworben haben sollen.

Damit gibt der Bildungsplan, wie jedem Lernen in der Schule, auch der Portfolio-Arbeit einen bestimmten Rahmen von möglichen Lerngegenständen und -zielen vor. Grundsätzlich ist Portfolio-Arbeit für die Erarbeitung **aller Lerninhalte** geeignet. Im Fach Deutsch reicht die Bandbreite möglicher Portfolio-Themen vom „Rechtschreib-Portfolio" und „Aufsatz-Portfolio" bis hin zu Leistungsmappen für den produktionsorientierten Literaturunterricht.

Der Bildungsplan für das Fach Deutsch an Realschulen in Baden-Württemberg schreibt außerdem einen **integrativen Unterricht** vor, der die unterschiedlichen Lernbereiche berücksichtigt. Portfolios können dabei einen Bereich, z.B. Schreiben, zum Schwerpunkt haben, sie können aber auch Lernbereiche verknüpfen. Die Schüler lesen und verfassen dann Texte, arbeiten an fremden Texten und tauschen sich untereinander aus. Dieses Prinzip von der Verknüpfung mehrerer Lernbereiche durch die Portfolio-Arbeit, ist auch auf die meisten anderen Fächer der Sekundarstufe anwendbar.

Neben den im Bildungsplan vorgeschriebenen fachlichen Inhalten spielen die **Kompetenzen und Fertigkeiten** der Schüler bei der Portfolio-Arbeit eine besondere Rolle.

Als eine wichtige Kompetenz der Sechstklässler beschreibt der Bildungsplan im Fach Deutsch der Realschule in Baden-Württemberg z.B. die Fähigkeit, dass „Schüler Informationen aus Texten entnehmen, sie verstehen und wiedergeben können". In der achten Klasse wird diese Fähigkeit dann erweitert um die Kompetenzen „Informationen reflektieren, bewerten und für sich nutzen" (*Bildungsplan Baden-Württemberg, S. 51 und 53*).

Wie sie ihren Schülern diese Kompetenzen antrainieren, ist bislang vom didaktisch-methodischen Repertoire der Lehrkräfte abhängig. Viele Schulen haben deshalb bereits vor einigen Jahren **Methodencurricula** entwickelt, die systematisch in allen Jahrgangsstufen umgesetzt werden. Dies geschah vor allem, weil erkannt wurde, dass **Arbeits- und Lernmethoden** die Voraussetzung für selbstständiges Arbeiten von Schülern sind. Wird das selbstständige Arbeiten der Schüler bei der Portfolio-Arbeit mit solchen Methodencurricula verknüpft, lassen sich die methodischen Kompetenzen, die die Schüler bereits besitzen, durch die Leistungsmappen optimal fördern (nähere Informationen dazu im zweiten Kapitel.)

■ Einbindung in den Unterricht

Das Portfolio kann auf verschiedene Arten in den Unterricht integriert werden. Hier drei grundsätzliche Möglichkeiten:

▷ Das Parallel-Modell

Das Portfolio begleitet den Regelunterricht. Dieses Unterrichtsmodell wird als Parallel-Modell bezeichnet, da die Schüler parallel zum regulären Unterricht an ihren Leistungsmappen arbeiten. Im Stundenplan der Klasse sind dafür eigens **Portfolio-Stunden** vorgesehen. In den Stunden dazwischen wird der Regelunterricht fortgesetzt. Dieses Modell eignet sich gut zur Einführung der Portfolio-Methode, da die Schüler hier in einem überschaubaren zeitlichen Rahmen arbeiten.

Portfolio-Arbeit nach diesem Modell kann auch eine sinnvolle Lösung für das **Problem Unterrichtsausfall** sein. In den Freistunden können die Schüler unter Aufsicht einer Lehrkraft selbstständig an ihren Portfolios weiterarbeiten. Dieses Portfolio-Modell hat vor allem die Zielsetzung, die Selbstständigkeit der Schüler zu fördern.

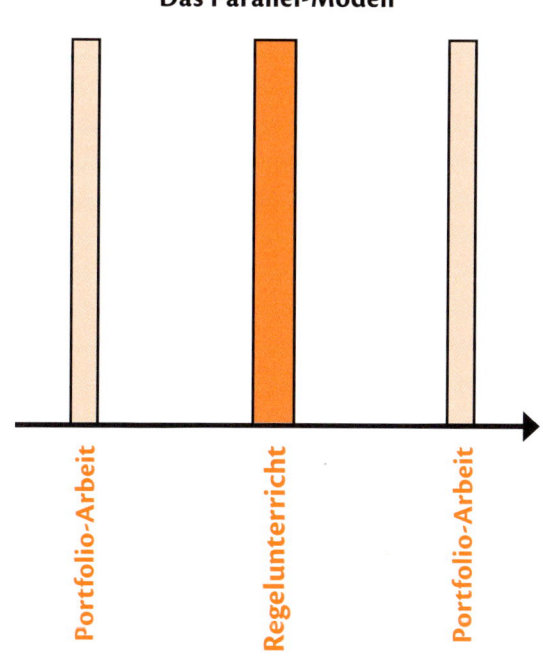

Das Parallel-Modell

Portfolio-Arbeit · Regelunterricht · Portfolio-Arbeit

▷ Das Integrations-Modell

Beim Integrations-Modell bildet der Regelunterricht den **thematischen Ausgangspunkt**, von dem aus die Schüler selbstständig weiterarbeiten. Der Unterricht wird deshalb für die Portfolio-Arbeit unterbrochen und dient nur noch dazu, einzelne wichtige Inhalte zu vermitteln. Die Schüler bearbeiten die Aufgaben zum Teil auch außerhalb der regulären Unterrichtszeit – freiwillig oder als Hausaufgabe.

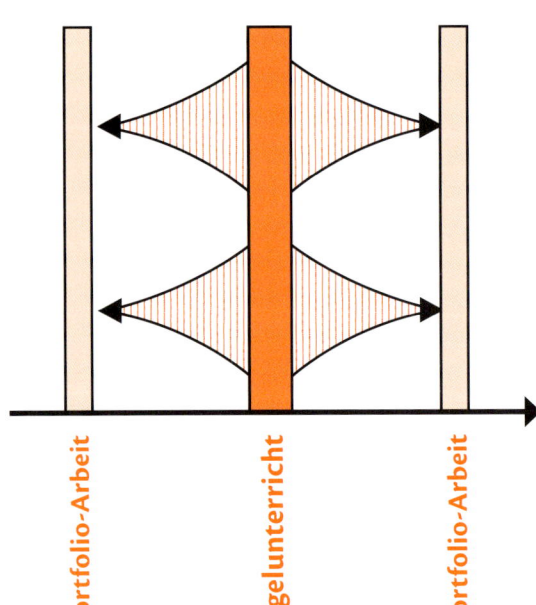

Das Integrations-Modell

▷ Das Zentral-Modell

Dabei handelt es sich um die umfassendste Form der Portfolio-Arbeit. Die Arbeit an den Leistungsmappen bildet den **didaktisch-methodischen Mittelpunkt** des Unterrichts und bestimmt seinen gesamten Ablauf.

Von Beginn an sind die Schüler an der Planung, Gestaltung und Durchführung des Unterrichts beteiligt. Nach der Einstiegsphase bildet der Regelunterricht nur noch den organisatorischen Rahmen, die Schüler gehen ihre eigenen Lernwege. Dieses Modell der Portfolio-Arbeit macht eine **Individualisierung des Lernens** am besten möglich, ohne dass der Zusammenhang zum gemeinsamen Unterricht verloren geht.

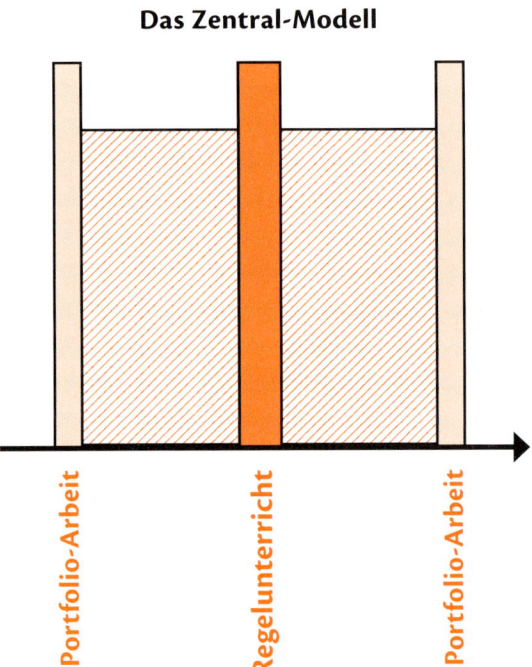

Das Zentral-Modell

In seine Entscheidung für eines der drei Modelle sollte der Lehrer folgende Überlegung mit einbeziehen: Haben die Schüler schon viel **Erfahrung mit Projektarbeit**? In diesem Fall ist das Zentral-Modell für die Klasse gut geeignet. Es verläuft desto erfolgreicher, je mehr die Schüler selbstständiges Arbeiten gewohnt sind. Das Parallel-Modell hingegen bietet Klassen, die keine oder wenig Erfahrung damit haben, die Möglichkeit,

regelmäßig selbstständiges Arbeiten zu üben, bevor sie dies ausschließlich tun. Integrations-Modell und Zentral-Modell erstrecken sich in der Regel über einige Wochen. Portfolio-Arbeit nach dem Parallel-Modell kann sich hingegen über **ein ganzes Halbjahr oder sogar Schuljahr** erstrecken und so das Lernverhalten der Schüler über einen längeren Zeitraum dokumentieren.

Zeitliche und räumliche Planung

 Portfolio-Arbeit dauert so lange, dafür habe ich keine Zeit.

Diesen Satz kann man von vielen Lehrern hören, die Unterrichtseinheiten über mehrere Wochen als zu lang empfinden. Vielleicht verbirgt sich hinter dieser Aussage auch die Befürchtung, die ganze Mühe könnte am Ende umsonst gewesen sein, da die Portfolio-Arbeit eventuell gar nicht die erhofften Ergebnisse erzielt.

Wenn Schüler lernen sollen, ihren Lernprozess selbst zu steuern, ist tatsächlich ein **großzügiger zeitlicher Rahmen** notwendig. Der Einsatz von Portfolios im Unterricht macht deshalb, wie die meisten anderen offenen Unterrichtsformen, strukturelle Überlegungen im Hinblick auf die **Unterrichtszeit** notwendig. Es bietet sich an, natürlich nur in Absprache mit Schulleitung und Kollegen, den engen Rahmen der 45-Minuten-Stunden zu verlassen.

Insbesondere bei den ersten Portfolio-Versuchen, wo die Schüler den Aufbau der Leistungsmappe, das Rückmelde- und Reflexionsverfahren erst einmal kennenlernen bzw. erproben müssen, ist ein großzügiges Zeitbudget notwendig. Natürlich ist die zeitliche Planung auch vom **Umfang der Pflichtaufgaben** abhängig. Die Lehrkraft sollte darauf achten, den Schülern noch genug Zeit und Raum für die fakultativen Aufgaben zu lassen. Wenn der Schüler nur die Pflichtaufgaben in der verfügbaren Zeit schafft, geht ein großer Teil des individualisierenden Potenzials des Portfolios verloren. Kommen bei den ersten Portfolio-Versuchen deshalb Aufgaben aus dem konventionellen Unterricht zum Einsatz, lässt sich ihre Bearbeitungsdauer gut abschätzen. Mit etwas mehr Portfolio-Erfahrung kann der Lehrer neue Aufgabentypen mit Portfolio-Arbeit testen.

Die **räumliche Planung** der Portfolio-Einheit muss klären, wo die Schüler möglichst eigenständig und konzentriert an ihren Portfolios arbeiten und sie anschließend aufbewahren können. Die Schüler brauchen für ihre Recherche Zugang zu unterschiedlichen **Medien**. Die Art und Weise, wie die Schüler auf Mediotheken, Bibliotheken oder das Internet Zugriff haben, muss geklärt und geplant werden. Im Idealfall gibt es dafür an den Schulen eigens eingerichtete Portfolio- oder Projekträume, in denen die notwendigen Informations- und Arbeitsmittel zur Verfügung stehen. Aber auch bei weniger idealen Zuständen kann Portfolio-Arbeit durch entsprechende Planungsarbeit gut durchgeführt werden.

Auch personelle Fragen müssen geklärt werden: Gibt es andere Fachlehrer, die unter Umständen als **Experten** für Fragen der Schüler zur Verfügung stehen würden? Wären Kollegen bereit, ein **fächerübergreifendes Portfolio** in der Klasse durchzuführen? Dann wäre z.B. eine gemeinsame Planungsphase oder sogar Team-Teaching denkbar.

Mitarbeit der Eltern

Öffnung des Unterrichts ist eine Forderung, die seit vielen Jahren an die Regelschulen gestellt wird – und auf den langen Schulfluren oft ungehört verhallt. Viele Lehrer sind ihr in der Vergangenheit aber auch nachgekommen, indem sie offene Unterrichtsformen, wie Projektarbeit oder Stationenlernen, in ihren Unterricht integrierten.

Neben methodischer Veränderung gehört zu einer Öffnung von Unterricht auch eine **Hinwendung nach draußen**, z.B. die Beteiligung von außerschulischen Personen am Lernen in der Schule. Die Portfolio-Arbeit kann diese Öffnung von Unterricht nach außen leisten, indem Eltern oder Vertreter der Arbeitswelt als Experten im Unterricht auftreten.

Die Eltern haben im Portfolio-Konzept außerdem eine **Beraterfunktion**, die, im Gegensatz zu der des Lehrers, vor allem zu Hause zum Tragen kommt. Mit dem Portfolio war ursprünglich auch der Anspruch verbunden, dass die Leistungsmappe so gestaltet werden muss, dass die Ergebnisse auch von Personen außerhalb der Schule nachvollzogen werden können. Für die Rolle des außerschulischen Lesers bieten sich die Eltern geradezu an. Außerdem motiviert es Schüler meiner Erfahrung nach sehr, wenn sie sich „offiziell" mit ihren Eltern über ihre selbstständig erstellten Arbeiten austauschen. Je mehr Personen außerhalb der Schule die Lernbemühungen des Schülers wahrnehmen und honorieren, desto besser.

Zunächst einmal sollten die Eltern zu Hause das Portfolio ihres Kindes begutachten und sich mit ihm über seine **Forscherfrage** unterhalten. Oft können sie ihrer Tochter oder ihrem Sohn bei der Bearbeitung der Aufgaben auch helfen oder in irgendeiner anderen Form Hilfestellung geben. Der Rahmen für diese Unterstützung muss aber genau abgegrenzt sein, damit **Chancengleichheit** zwischen den Schülern herrscht.

Nicht alle Eltern sind in der Lage oder bereit dazu, ihrem Nachwuchs bei schulischen Arbeiten unter die Arme zu greifen. Meiner Erfahrung nach wird elterliche Unterstützung von jüngeren Schülern noch durchaus gewünscht, während ältere Schüler sie eher ablehnen. Aus dem Grund findet die Mitarbeit der Eltern in meinen Portfolio-Einheiten in der fünften, sechsten und siebten Klasse im Rahmen eines **Unterstützungssystems** statt, das den Eltern erlaubt, bei allen fakultativen Arbeiten zu helfen. Bei der Bewertung des Portfolios muss dann natürlich bekannt sein, ob und in welchem Umfang die Eltern Anteil an der Erarbeitung der Lernprodukte hatten. Deshalb müssen die Schüler dies bei den betreffenden Arbeiten mit angeben. In den unteren Jahrgängen hat es sich bewährt, die Pflichtaufgaben ausschließlich im Unterricht erstellen zu lassen, um so einen Eindruck von der tatsächlichen Leistungsfähigkeit des Schülers – ohne Unterstützung der Eltern – zu erhalten.

Eltern werden von Lehrern selten als **Experten eines Fachgebietes** wahrgenommen, obwohl sie das durch ihre berufliche Ausbildung meist sind. Erwachsene, die als Spezialisten im Unterricht auftreten, bringen ein Stück Wirklichkeit in die Schule. Sie können Experten für eine bestimmte Kultur, Sprache, Religion oder einen Beruf sein. Eine Ärztin gibt z.B. zu medizinischen Fragen Auskunft, ein Vater, der häufig seine Arbeitsergebnisse vor Publikum präsentiert, führt die Schüler in die Grundlagen von PowerPoint ein, und der Bruder eines türkischen Schülers informiert die Klasse über die Grundlagen des Islams. Eine Beteiligung der Eltern stellt in jedem Falle eine große Bereicherung für den Portfolio-gestützten Unterricht einer Klasse dar und wird auch von den älteren Schülern der Klassenstufen 8 – 13 akzeptiert. Außer den Eltern kommen noch andere Personen als außerschulische Experten in Frage. Museumspädagogen, Buchhändler, Bibliothekare oder Stadtführer können die Entstehung von Portfolios unterstützen, indem sie in einer einzelnen Stunde besucht oder in die Schule eingeladen werden. So kann eventuell sogar ein richtiges Unterstützungssystem aufgebaut werden, auf das auch bei weiteren Portfolio-Arbeiten oder Projekten zurückgegriffen werden kann. Diese **Impulse von außen** wirken auf Schüler sehr motivierend, sodass sie sich anschließend intensiver mit ihrem Thema beschäftigen. Vor allem bei der Vorbereitung auf eine Stunde mit Experten von außen legen sich Schüler erfahrungsgemäß stärker „ins Zeug". Sind die Fachleute dann auch noch bei der **Präsentation** anwesend, wurde eine wichtige personelle Schnittstelle geschaffen und der Unterricht ein Stück „offener".

Bevor sich Eltern allerdings in die Portfolio-Arbeit ihrer Kinder einbringen können, müssen sie die grundlegende Idee und Absicht, die hinter dieser Lern- und Arbeitsform steckt, kennen.

Das Portfolio-Konzept kann den Eltern z.B. bei den **Treffen der Klassenpflegschaften** vorgestellt werden. Vor allem die Leistungsbeurteilung und das eigenständige Arbeiten der Schüler sind Aspekte, über die die Eltern informiert werden müssen, damit ihnen der Nutzen und die Notwendigkeit des Vorhabens deutlich werden. Am Ende der Portfolio-Einheit können sie als **Zuschauer** der Präsentation beiwohnen. Für die meisten Eltern ist so eine Konfrontation mit der Leistung ihrer Kinder sehr ungewohnt. Bisher haben sie allenfalls die Klassenarbeiten begutachtet und, falls nötig, unterschrieben. Die Note war dabei meist die einzige Form der „Rückmeldung" über den aktuellen Leistungsstand ihres Kindes.

Die Präsentation des Portfolios bietet ihnen dagegen Gelegenheit, sich mit dem Lehrer anschließend darüber auszutauschen, warum ihr Kind eine bestimmte Note oder Rückmeldung erhalten hat und wie es sich verbessern kann. Viele Eltern wissen solch eine **transparente Leistungsbeurteilung** sehr zu schätzen. Diejenigen, die an den Präsentationen nicht teilnehmen können, sollten die Möglichkeit haben, die Beurteilung einzusehen.

Beratung, Beurteilung, Bewertung

Beurteilung und Beratung sind bei der Portfolio-Arbeit eng miteinander verknüpft. Beratung bedeutet in diesem Zusammenhang, dass Lehrer, Eltern und Mitschüler in einen Dialog mit dem Schüler über seine Arbeiten treten und ihm Tipps für die Weiterarbeit geben. Voraussetzung für eine gelungene Beratung ist, dass der Mappeninhalt gründlich auf seine Schwächen und Stärken

hin untersucht wurde. Beurteilung bedeutet in diesem Kontext, dass dem Schüler **die Qualität** seines Portfolios sinnvoll und ausführlich zurückgemeldet wird. Grundlage einer gelungenen Beurteilung ist, dass die Kriterien, die der Einschätzung zu Grunde liegen, sowohl Lehrer als auch Schüler klar sind. Das Portfolio kann dann mit einer Zensur bewertet werden, muss aber nicht.

Portfolio-Arbeit beraten und beurteilen

Rückmeldung und Beratung können sich auf das gesamte Portfolio, bestimmte Abschnitte oder einzelne Produkte beziehen. Je kleiner der zu beurteilende Ausschnitt, desto genauer sollten sie jedoch ausfallen.

Bei leistungsschwächeren Schülern muss der Lehrer darauf achten, dass die Beratungen häufiger stattfinden, damit Entwürfe öfter gemeinsam besprochen und bestimmte Überarbeitszeiträume vereinbart werden können.

Zu Beginn eines Beratungsgespräches muss zunächst der **Schüler** mit seinem Anliegen zu Wort kommen, er soll Gelegenheit haben seine Überlegungen und Sichtweisen darzustellen. Erst danach äußert sich der Berater, sei es sein Mitschüler oder der Lehrer. Ziel der Beratung ist zum einen, dem Schüler **Tipps** zur Überwindung von Lernschwierigkeiten zu geben, zum anderen, seine **Arbeitsmethoden** zu überprüfen, damit er die Qualität des Portfolios insgesamt verbessern kann.

In so genannten **Peer-Beratungen** geben sich die Schüler gegenseitig Feedback. Wenn der Lerner sein Vorgehen mit anderen bespricht, überprüft er dabei seine Vorgehensweise und verbessert seine Fähigkeit, seinen Lernprozess bewusst zu steuern. Nachdem jeder das Portfolio des anderen gesichtet hat, versucht der Einzelne, Fragen wie: „Ist die Mappe schon gut genug? Entsprechen die Arbeiten des anderen den Kriterien?" zu beantworten, und gibt seinem Mitschüler bei Bedarf Tipps zur Verbesserung. Vor allem bei methodischen oder inhaltlichen Problemen kann eine Peer-Beratung gute Lösungsvorschläge hervorbringen. Grundsätzlich entscheidet der Schüler selbst, wann er eine Beratung für angebracht hält. Etwa nach der Hälfte der Gesamtarbeitszeit sollte jedoch eine Beratungssitzung stattfinden, die dem Schüler eine detaillierte **Rückmeldung aus Lehrersicht** gibt. Diese Schüler-Lehrer-Bera-

tung wird vom Schüler selbst vorbereitet. Nachdem der Lehrer das Portfolio des Schülers gesichtet hat, gibt ihm der Schüler zunächst einen Einblick in seine bisherige Arbeit und beschreibt dann kurz, wie er weiter vorgehen will. Er bekommt anschließend eine **Beurteilung** seines Portfolios und seiner Planung sowie Tipps für die Weiterarbeit. Der Lehrer hält die Ergebnisse des Gesprächs zumindest in Stichpunkten fest, damit sie der Schüler in seinem Portfolio-Ordner ablegen kann.

Diese Informationen liest der Lehrer am Ende der Portfolio-Arbeit noch einmal, um den **Lernfortschritt** des Schülers zu beurteilen. Er kann dann feststellen, ob es dem Schüler gelungen ist, die Schwächen seines Portfolios zu beheben und die Verbesserungsvorschläge des Lehrers umzusetzen.

Eine Alternative dazu ist der **schriftliche Lehrerkommentar**, der das ganze Portfolio, einen Teil davon oder nur eine einzelne Arbeit beurteilt. Diese Rückmeldung muss für den Schüler verständlich formuliert sein und, wie die mündliche Beurteilung, möglichst klar die Stärken und Schwächen der Arbeit darstellen sowie die Lernfortschritte und den Kompetenzstand beurteilen. Ich persönlich ziehe allerdings das mündliche Beratungsgespräch dem schriftlichen Kommentar vor. Egal, ob in mündlicher oder schriftlicher Form: **Differenziertes Feedback** ist ein wesentliches Kriterium für erfolgreiche Portfolio-Arbeit, die dem Schüler ein **Übungsfeld** bieten soll, in dem er Lernverfahren ausprobieren und sich gleichzeitig beraten lassen kann. Erst nachdem er mindestens einmal beraten wurde und seine Arbeiten dementsprechend überarbeitet hat, sollte das Portfolio bewertet werden.

Doch nicht nur allein der Lehrer beurteilt die Qualität einer Arbeit, sondern auch der Schüler selbst. Für eine solche **Selbstein-**

schätzung braucht er ein hohes Maß an Selbstreflexion. Am Ende der Portfolio-Arbeit ist sie besonders wichtig: Hier soll sich der Schüler noch einmal die Inhalte und den Prozess seines Lernens bewusst machen. Selbstbeurteilungen sind immer dann besonders sinnvoll, wenn ein bestimmter Abschnitt des Lernprozesses abgeschlossen wurde. Der Schüler kann dann am besten seine Ergebnisse und den Verlauf seines Lernens überschauen. Damit Schüler all diese Informationen über sich und ihr Lernen preisgeben, muss allerdings ein **vertrauensvolles Verhältnis** zwischen Lehrer und Schüler herrschen.

Die Schüler-Lehrer-Beratung

▷ Der Lehrer legt vor Beginn des Gesprächs den zeitlichen und inhaltlichen Rahmen der Beratung fest.

▷ Er weist den Schüler darauf hin, dass es sich nicht um eine Bewertungssituation handelt.

▷ Der Schüler beginnt das Gespräch, indem er seine grundsätzlichen Lernziele und bereits erzielte Teilerfolge vorstellt und von seinen Lernschwierigkeiten berichtet.

▷ Der Lehrer macht noch einmal deutlich, welche **Kriterien und Qualitätsmaßstäbe** er seiner Einschätzung zu Grunde legt.

▷ Er beginnt seine Beratung und Rückmeldung damit, die positiven Seiten der Arbeiten aufzuzählen. Anschließend beantwortet er folgende Fragen:

   ♦ **Welchen Lernfortschritt, welche Stärken und Schwächen konnte ich feststellen?**

   ♦ **Wie kann der Schüler seine Arbeiten verbessern?**

   ♦ **Welche Fragen habe ich noch an ihn?**

▷ Die wichtigsten **Ergebnisse** des Gespräches sollten schriftlich festgehalten werden. Diese Notizen heftet der Schüler in seiner Mappe ab.

■ Portfolios bewerten

Bei der konventionellen Bewertung von Schülerarbeiten im Regelunterricht wird die Leistung des Einzelnen entweder an einem **vorgegebenen Standard** gemessen oder ins Verhältnis zum **Klassendurchschnitt** gesetzt. Bei beiden Bewertungsformen steht am Ende eine Ziffernnote auf der Klassenarbeit, die zwar prägnant, aber für den Schüler meist wenig aufschlussreich ist. Wenn die Arbeit mit Portfolios das individuelle Lernen des Schülers fördern will, dann muss auch die Bewertung dieses Lernen würdigen. Eine **individualisierte Leistungsmessung** ist die notwendige Folge eines individualisierten Unterrichts und einer komplexen Aufgabenstellung. Traditionelle Formen der Leis-

tungsmessung nehmen meist nur das Ergebnis des Lernprozesses in den Blick. Wenn das Portfolio aber dem prozessualen Charakter von Lernen gerecht werden will, muss die **individuelle Bezugsnorm** in die Bewertung mit einfließen, d.h. nicht nur das Lernprodukt des Schülers, sondern auch sein persönlicher Lernfortschritt und seine Lernbemühungen werden bewertet. Auch wenn am Ende eines Portfolios eine Note steht, darf es dem Lehrer nicht mehr nur darum gehen, den punktuellen Leistungsstand des Schülers festzustellen und einzustufen. Leistungsmessung bei Portfolios wird, durch die vorherige Beratung und Reflexion, zu einem **Rückmeldeinstrument**, das dem Wunsch vieler Lehrer nach Individualisierung der Beurteilung Rechnung tragen kann.

Die Leistungsbeurteilung von Portfolios stellt die Lehrenden allerdings noch vor ein weiteres Problem, mit dem sie sich auch bei anderen relativ neuen und offenen Lern- und Lehrformen, z.B. Frei- oder Projektarbeit, konfrontiert sehen.

Wie können die Leistungen des Schülers nicht nur individuell, sondern vor allem auch **objektiv** bewertet werden? Um Zweifel an der Effizienz der neuen Unterrichtsverfahren auszuräumen und Bewertungsverfahren verlässlich und glaubwürdig erscheinen zu lassen, versuchen Lehrer oft, durch **Bewertungsraster** mit einer Vielzahl von Kriterien die Qualitätsmerkmale einer guten Bewertung – Validität, Reliabilität und Objektivität – sicherzustellen.

In der Praxis allerdings kann sich jede schulische Leistungsmessung dem Anspruch, hundertprozentig valide, objektiv und reliabel zu sein, immer nur bis zu einem gewissen Grad

annähern. Auch bei den im konventionellen Unterricht angewandten Formen der Leistungsmessung ist eine solche Beurteilung nicht möglich (man denke hier nur an die Bewertung von Aufsätzen, Präsentationen und an mündliche Noten).

Eine allzu strenge Beurteilung von offenen Unterrichtsformen, zu denen die Portfolio-Arbeit zählt, nach diesen drei Gütekriterien kann sich u.U. sogar nachteilig auf die eigentlichen Ziele dieser Art von schulischem Lernen auswirken – nämlich dann, wenn eine lange Liste von mehr oder minder abstrakten Kriterien den inhaltlichen und methodischen Spielraum des Schülers zu sehr einschränkt und die **Wertschätzung** der individuellen Leistung des Einzelnen in den Hintergrund gerät.

Ich schließe mich *Peter Adamski* an, der es für wenig sinnvoll und hilfreich hält, bei Portfolio-Arbeit und anderen offenen Unterrichtsformen allzu lang an einzelnen Bewertungskriterien zu feilen und den Anspruch der unbedingten Objektivität für absolut zu setzen. Portfolio-Arbeit ist eine Art der Leistungserbringung durch Schüler, die am Ende in erster Linie auf die Kriterien überprüft werden sollte, die vorher festgelegt wurden. **Transparenz** lautet das Motto bei der Notenvergabe. Sie wird dadurch erreicht, dass Schüler und Lehrer die Kriterien der Beurteilung gemeinsam auswählen und festlegen und dass anschließend ein **Dialog** über die Leistung des Einzelnen stattfindet. Wichtig ist, dass die abschließende Beurteilung dem Schüler genau Auskunft darüber gibt, wie gut er die einzelnen Arbeiten erledigt hat und, vor allem, wie er sich verbessern kann. Nur durch ein **Urteil in Wortform**, ist für den Schüler die Einschätzung seiner individuellen Leistung nachvollziehbar.

Ein großes Problem stellt sich vielen Lehrern beim Blick auf die offene Form des Portfolios: **Wie sollen die fakultativen Portfolio-Arbeiten beurteilt werden?**

Generell gilt, dass alle Portfolio-Arbeiten beurteilt werden sollten, jedoch nicht immer auch bewertet. Ein Portfolio kann sehr viele unterschiedliche Arbeiten enthalten: Pflichtaufgaben, die konventionelle Leistungen abfragen, reflektive und fakultative Aufgaben.

Meiner Meinung nach sollten die **reflexiven Arbeiten** des Schülers (Reflexionsbögen, Portfolio-Brief, s. S. 95/96) in die Bewertung mit einfließen. Auch wenn einige Didaktiker einwenden, dass dann die Äußerungen der Schüler weniger ehrlich oder authentisch seien. Ich bin der Meinung, dass es auch eine Leistung des Schülers darstellt, wenn er sein Lernen sorgfältig reflektiert und darüber Auskunft geben kann, was er geplant hatte und wie er es umsetzen konnte. Wenn er sogar daraus ableiten kann, was er beim nächsten Mal verbessern möchte, dann ist ein erhebliches **Reflexionsniveau** erreicht. Diese Bemühungen, die bei vielen Schülern zu sehr guten Ergebnissen führen, möchte ich gerne würdigen, indem ich sie zur Bewertung hinziehe. Meiner Erfahrung nach äußern sich Schüler auch trotz Bewertung kritisch zur Portfolio-Arbeit. So können ihre Reflexionstexte auch dazu beitragen, das Verhältnis zwischen Lerner und Lehrer zu verbessern.

Weil die Schüler bei Portfolio-Arbeit an der Festlegung der **Beurteilungskriterien** mitwirken, wird von einigen Didaktikern gefordert, die Schüler sollten dies auch bei der Bewertung tun. Ich praktiziere diese Form der Schülerpartizipation in meinem Unterricht nicht, weil ich sie für wenig sinnvoll halte und die Meinung vertrete, dass Schüler lernen müssen, dass ihre Leistungen von anderen beurteilt werden. Dem widerspricht es nicht, dass die Schüler ihre eigene Leistung während oder am Ende der Portfolio-Arbeit beurteilen. Die Schüler sollen lernen, **Verfahren und Kriterien** anzuwenden, mit Hilfe derer sie ihre eigene Arbeit und die anderer einschätzen und beurteilen können. **Checklisten** können ihnen dabei helfen, z.B. die Schwächen und Stärken eines Aufsatzes zu erkennen. Es gehört zur Einführungsphase der Portfolio-Arbeit in einer Klasse oder Schule dazu, dass einmal vereinbarte Kriterien, die sich als ungeeignet erwiesen haben, überarbeitet oder ersetzt werden. Scheuen Sie sich also nicht, sich von **Maßstäben** zu verabschieden, die sich als wenig sinnvoll oder aussagekräftig herausgestellt haben.

Bewertungskriterien

Ich rate davon ab, die Qualität einer Bewertung mit der Anzahl der verwendeten Beurteilungskriterien gleichzusetzen. Dennoch sollte die **qualitative Einschätzung** der Mappen auf jeden Fall folgende Fragen umfassen:

▷ Sind die **Ziele**, die mit dem Portfolio erreicht werden sollen, genau dargestellt?

▷ Welche **Fortschritte** im Bereich der Lerninhalte werden deutlich?

▷ Welche Lernfortschritte im Bereich der **Methoden und Kompetenzen** wurden erreicht?

▷ Wird der Lernprozess ausreichend **dokumentiert**?

▷ Wird die **Auswahl** der Arbeiten sinnvoll begründet?

▷ Wie weit hat der Schüler seine Fähigkeit zur **Selbstbeurteilung** entwickelt?

▷ Liefert das Portfolio Belege dafür, dass der Schüler gelernt hat, sein Lernen selbst zu organisieren und **selbstständig** zu arbeiten?

▷ Wie **ordentlich und sorgfältig** hat der Schüler gearbeitet?

Eine daraus resultierende Beurteilung sollte die **Lernmotivation** des Schülers fördern, ihn ermutigen, aber auch selbstkritischer machen.

Portfolios in konventionelle Bewertungssituationen einbinden

Egal, ob man sie für ein notwendiges Übel hält oder sie als Mittel der Leistungskontrolle schätzt – Noten bestimmen den schulischen Alltag und müssen in vorbestimmter Anzahl vergeben werden. Da das Erstellen eines Portfolios sehr zeit- und arbeitsaufwendig ist, möchten sowohl Schüler als auch Lehrer häufig, dass die Arbeiten mit einer für die Zeugnisnote relevanten Zensur „vergütet" werden.

Im Folgenden werden fünf Möglichkeiten vorgestellt, wie bisher in der Schule verwendete **Formen der Leistungsüberprüfung** mit einem Portfolio verbunden werden können. Einige dieser neuen Arten der Leistungskontrolle können die Benotungspraxis so verändern, dass eine stärker am Lernprozess orientierte Bewertung erreicht wird .

▶ **Mündliche Präsentationen auf der Grundlage eines Portfolios**
Das Portfolio dokumentiert die Ergebnisse einer **Facharbeit** oder eines **Projekts** und den Lernverlauf, den der Schüler dabei durchlaufen hat. Damit dient es als Grundlage für die anschließende Präsentation. Die Bewertung und Rückmeldung des Lehrers kann durch ein Beurteilungsraster (s. S. 93/94) unterstützt werden.

▶ **Das Portfolio als Ergänzung oder Alternative zu einer schriftlichen Leistung**
Eine oder mehrere der verpflichtenden **schriftlichen Leistungen** (z.B. Klassenarbeiten) werden durch Arbeits- oder Produkt-Portfolios ersetzt. Das gesamte Portfolio oder nur Teile davon werden bewertet.

▶ **Das Portfolio als Grundlage für mündliche Prüfungen**
Bei dieser Variante wird das Portfolio vom Schüler in eine mündliche Prüfung mitgebracht und dient dann unmittelbar als **Gesprächsgrundlage**. Die Prüfer müssen das Portfolio vor der Prüfung sichten können. In der Prüfung selbst dient die Mappe dann als Basis für vertiefende Fragen.

▶ **Das Portfolio als Grundlage für schriftliche Prüfungen**
In höheren Jahrgängen werden Portfolios mittlerweile im Vorfeld schriftlicher Prüfungen als **Teil der Vorbereitung** erstellt, so z.B. für die vierte Aufgabe der Abschlussprüfung im Fach Deutsch an Realschulen in Baden-Württemberg. Der grobe thematische Rahmen der Prüfung ist vorab bekannt (z.B. Doping im Sport). Die Schüler sammeln dann mit Hilfe ihres Portfolios Texte zu diesem Sachgebiet und verwenden sie anschließend als **inhaltliche Grundlage** in der Prüfung. Besteht die Möglichkeit, das Portfolio in der Prüfung zu verwenden, muss es danach als Literaturnachweis abgegeben werden. Bei der Bewertung wird die Prüfungsleistung in Beziehung zur Portfolio-Arbeit gesetzt.

▶ **Langfristig angelegte Portfolios**
Die Schüler arbeiten über einen längeren Zeitraum, z.B. ein Halbjahr lang, selbstständig an einer Themenfrage und erstellen dazu ein Portfolio. Bei der Bewertung kann das Portfolio als schriftliche und seine Präsentation als mündliche Leistung in die **Zeugnisnote** mit einfließen. Die Gewichtung der Zensuren sollten Schüler und Lehrer vorher gemeinsam festlegen. Gegenüber den anderen Varianten hat dieses Verfahren den Vorteil, dass der langfristige Lernfortschritt und der individuelle Lernprozess noch stärker berücksichtigt werden können.

Veränderte Lehrer-Schüler-Rolle

Selbststeuerung des eigenen Lernens bedeutet mehr Freiheit, aber gleichzeitig auch mehr **Verantwortung** für den Schüler. Er kann bzw. muss zwischen verschiedenen Lerninhalten und -wegen wählen. Diese Entscheidungen trifft im konventionellen Unterricht ausschließlich der Lehrer. Auch bei Portfolio-Arbeit werden Entscheidungen vom Lehrer getroffen – jedoch fast immer mit den Schülern gemeinsam. Neben dem **Prinzip der Mitbeteiligung** der Schüler an der Unterrichtsorganisation verändert auch das Prinzip der Selbststeuerung die Funktion und Rolle des Lehrers.

Der Wissensvermittler wird zum **Lernberater und -organisator**. Er hält sich im Hintergrund, stellt Informationsquellen (wie Internet, neue Medien, Bücher, Zeitungen usw.) zur Verfügung und beobachtet den Lernprozess seiner Schüler. Diese Veränderung des tradierten Rollenverhältnisses im Klassenzimmer fällt anfangs beiden Seiten nicht leicht. Für viele Schüler ist es zu Beginn ein völliges Novum, ihren Wissenserwerb selbst in die Hand zu nehmen. Das verwundert nicht, denn bisher hat ihnen das auch kaum jemand zugetraut. Sehr oft empfinden sie die Arbeit mit Portfolios deshalb als sehr anspruchsvoll und anstrengend. Das Verfahren, das den Schülern hilft, hier Fortschritte zu erzielen, ist das der **Reflexion**. Die Auseinandersetzung mit dem eigenen Lernen gilt als Voraussetzung dafür, dass Schüler lernen, ihren Wissenserwerb zu steuern. Dabei nehmen sie ihre Lernentwicklung bewusst wahr und erkennen, wie sie daran beteiligt sind.

Das Portfolio wird für die Schüler zum **Werkzeug**, mit dem sie ihren Lernprozess bewusst verbessern können. Während sich die Schüler den reflexiven Lernstil angewöhnen und selbstständig arbeiten, hat der Lehrer Zeit, den Einzelnen dabei zu beobachten. Entsprechend seinen Beobachtungen kann er dem Lernenden Unterstützung anbieten und Hilfestellung geben. Aus dem Lehrer, der vorwiegend für die Wissensvermittlung zuständig ist, wird ein **Lerntrainer**, dessen Aufgabe es ist, Lernprozesse anzuregen und zu begleiten.

Die Portfolio-Methode bietet damit dem Schüler durch inhaltlichen und methodischen Freiraum, die Möglichkeit, seine Kompetenzen selbstständig zu entdecken. Damit werden letzten Endes auch das Selbstbewusstsein des Einzelnen und sein Gefühl von Selbstwirksamkeit gestärkt.

Kapitel 2

Die Portfolio-Arbeit in der Praxis

Planung der Unterrichtseinheit „Sachtexte über die USA"

Die hier vorgestellte Unterrichtseinheit auf Grundlage von Portfolios wurde in einer **8. Klasse** einer Realschule in Baden-Württemberg im Fach Deutsch durchgeführt.

Alle konzeptionellen Überlegungen beziehen sich auf Klassen von durchschnittlicher Größe, d.h. mit ungefähr 30 Schülern, die normalerweise im 45- oder 90-Minuten-Takt von einem Fachlehrer unterrichtet werden. Der **zeitliche Rahmen** beträgt mit 25–30 Unterrichtsstunden circa sechs Wochen.

Jeder Unterrichtseinheit, die zum ersten Mal in einer Klasse durchgeführt wird, muss eine sorgfältige Planung vorausgehen. Nicht nur bei lehrerzentrierter Stoffvermittlung, sondern vor allem dann, wenn Schüler selbstständig arbeiten sollen. In vielen Punkten ähnelt die Vorbereitung einer Portfolio-Einheit der eines Unterrichtsprojektes, vor allem ist sie ebenso aufwendig. Aber lassen Sie sich davon nicht abschrecken. Damit Sie selbst schnell und erfolgreich eine Portfolio-Einheit durchführen können, werden hier alle Planungsschritte vorgestellt. Die Sammlung von **Kopiervorlagen im Anhang** unterstützt Sie und Ihre Schüler außerdem bei der gemeinsamen Arbeit mit den Mappen.

◼ Vorüberlegungen

Das Fach Deutsch bietet Schülern eine gute Möglichkeit, Themen für ihr Portfolio zu wählen, die fächerübergreifend sind. In den Lernbereichen „Schreiben" und „Lesen bzw. mit Texten umgehen" sollen sich die Schüler mit Texten auseinandersetzen. Deren Inhalt kann die Lehrkraft mit den Schülern gemeinsam bestimmen. So können sich die Schüler mit Themen beschäftigen, die sie auch wirklich interessieren. Das steigert ihre Motivation. Je nach Themenwahl der Lerner kann aus der Portfolio-Einheit **fächerübergreifender Unterricht** werden, der an natur- oder sozialwissenschaftliche Fächer anknüpft. Mit der Portfolio-Einheit *Sachtexte über die USA* wollte ich mit meiner Klasse neue Lernwege beschreiten – und zwar mit den Schülern als Vorreiter und mir als Begleiter. Ich wollte z.B. eine Möglichkeit finden, die Klasse mehr an der Planung bzw. Gestaltung des Unterrichts sowie der Beurteilung ihrer Leistungen teilhaben zu lassen. Dennoch bleibt es die Aufgabe des Lehrers, **konkrete Zielformulierungen** an den Beginn der Portfolio-Arbeit zu stellen. Fragen wie: „Welche Kompetenzen sollen meine Schüler durch die Unterrichtseinheit erwerben?" und „Welche Inhalte sollen sie sich aneignen?" müssen genau beantwortet werden. Zum anderen muss er den Portfolio-Typ festlegen und die Lernumgebung, sprich das Klassenzimmer und evtl. weitere Räume, so vorbereiten, dass die Schüler eine optimale Lernumgebung vorfinden.

Bildungsplan

Portfolio-Arbeit muss sich, wie jede andere Form von Unterricht, am Bildungsplan und dem Kerncurriculum eines Faches orientieren. Grundlage dieser Unterrichtseinheit sind die auf Standards basierenden Bildungspläne für Baden-Württemberg, Bayern und Nordrhein-Westfalen aus dem Jahr 2004.

Ein Ziel der Portfolio-Einheit sollte sein, dass die Schüler ihre **Sach- und Methodenkompetenz** vertiefen sowie den Umgang mit verschiedenen Medien, wie Internet und Nachschlagewerken, einüben. Durch die Recherchearbeit an der Forscherfrage erwerben die Schüler Sachkompetenz, d.h. konkretes Wissen über einen bestimmten Sachverhalt zum Thema „USA". Am Ende der Portfolio-Arbeit sollte die Klasse aus lauter Spezialisten für kleine Themengebiete bestehen.

Auf der Suche nach einer Antwort auf ihre Forscherfrage sollten die Schüler Methoden der **Informationsbeschaffung und -verarbeitung** anwenden und ihre Fähigkeit, Arbeitsabläufe zu planen, vertiefen.

Ein weiteres Ziel der Portfolio-Einheit war es, die sozialen Kompetenzen der Schüler (Kritikfähigkeit, Kommunikationsfähigkeit usw.) zu fördern. Es sollte v.a. in den Beratungssitzungen der Schüler mit Lehrer, Eltern und Mitschülern umgesetzt werden.

Wichtigstes Ziel war für mich jedoch, die **individuellen Lernwege** der Schüler und ihre **Fähigkeit zur Selbststeuerung** zu fördern. Indem sie Methoden der Planung, der Organisation und Reflexion anwenden, sollten die Schüler befähigt werden, ihr Lernen in Zukunft immer mehr selbst zu steuern.

Der Bildungsplan für die achte Jahrgangsstufe im Fach Deutsch sieht vor, dass Schüler ein Spektrum bestimmter **Schreibformen** einüben, sich mit Sachtexten beschäftigen und lernen, deren Inhalte möglichst selbstständig zu erschließen.

Diese Bildungsstandards legte ich meiner Planung als Erstes zu Grunde.

Das **fächerübergreifende Lernziel** der Unterrichtseinheit lautete:

Durch die Portfolios lernen bzw. vertiefen die Schüler ihre Fähigkeit, selbstständig nicht-literarische Texte über die USA zu erschließen und sich damit das Wissen zu beschaffen, das relevant für die Beantwortung einer komplexen Fragestellung ist.

Ich kombinierte also fachbezogene Einzelziele (Auseinandersetzung mit Sachtexten und Erstellen von eigenen Texten) mit einer fächerübergreifenden Aufgabenstellung (Beantwortung der Forscherfrage). In diesem Vorgehen sehe ich eine sinnvolle Verbindung von inhaltlichem Freiraum und formalen Vorgaben. Die Schüler konnten die Inhalte der Texte, die sie schreiben sollten, weitgehend selbst bestimmen, die Form, in die sie ihre Informationen bringen sollten, war vorgegeben.

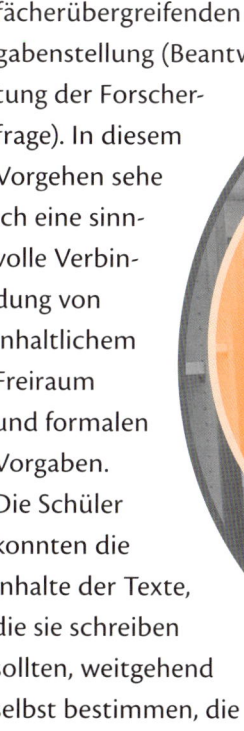

Dadurch übten sie zweierlei: den Umgang mit methodischer und inhaltlicher Freiheit und den Umgang mit festen Vorgaben.

Auch wenn das Portfolio Lerngegenstände vorsieht, die an das Fach Deutsch gebunden sind, erwerben die Schüler bei ihrer Arbeit damit Fähigkeiten, die fächerübergreifend sind. Indem sie Informationen aus Büchern, Zeitschriften, aber auch aus Bildern, Grafiken und Internetseiten erschließen, wird ihre Fähigkeit, fremde Texte zu verstehen, intensiv geübt. Da in den meisten Fächern die für das Lernen bedeutsamen Inhalte durch Texte vermittelt werden, ist diese Fähigkeit, **Textverständnis** genannt, von fächerübergreifender Bedeutung. Gleichzeitig ist sie für viele Schüler eine echte Herausforderung, die sie nach wie vor nur unzureichend bewältigen können. Wer aber Texte nicht richtig versteht, kann kein neues Wissen erwerben und manche Situation im Leben weniger gut meistern als andere. Schüler brauchen deshalb viele Möglichkeiten, die Erschließung von Texten zu üben. In Form dieser Unterrichtseinheit kann das Lernen mit Portfolios dazu beitragen. Nach der Festsetzung der Lernziele muss der Lehrer den groben inhaltlichen Rahmen der Portfolio-Arbeit bestimmen. Damit die Schüler tatsächlich an komplexen Fragestellungen arbeiten können, eignen sich dafür am besten Themen, die möglichst viele Anknüpfungspunkte zu anderen Bereichen bieten. Werfen Sie deshalb auch einen Blick in die **Bildungspläne** der anderen Fächer. Ich stellte dabei fest, dass die USA das Hauptthema des Englischunterrichts der 8. Jahrgangsstufe sind. Da dieses Land zum einen eine bewegte Vergangenheit und vielschichtige Gegenwart besitzt und zum anderen mit seiner Kultur und Sprache viele Jugendliche interessiert und beeinflusst, erschien es mir als inhaltlicher Rahmen gut geeignet.

Ich ließ den Schülern nicht völlige Freiheit bei der Wahl des Themas, sondern setzte alle Portfolios unter ein **übergeordnetes Thema**, um eine gewisse inhaltliche Einheitlichkeit sicherzustellen. Die Schüler sollten bei der Einführung des Themas und später, z.B. bei den Beratungsgesprächen, Zusammenhänge zwischen einzelnen Teilbereichen entdecken, z.B. zwischen der Besiedelung des Landes durch Europäer und der Entwicklung der Sklaverei. Durch die Präsentationen am Schluss der Einheit sollte dann die ganze Vielfalt des Themas deutlich werden. Bei einem Sammelsurium unterschiedlichster Fragestellungen hätte auch ich als Beurteilender mich immer wieder in völlig neue Sachgebiete einarbeiten müssen. Von einer gewissen inhaltlichen Vereinheitlichung der Portfolios profitierten also beide Seiten, Schüler und Lehrer.

Pflicht oder Kür? Aufgaben auswählen

Die Lehrkraft muss zu Beginn der Einheit entscheiden: Welche Aufgaben soll das Portfolio enthalten? Generell ist es möglich, den Schülern völlige Handlungsfreiheit bei der Gestaltung ihres Portfolios zu geben. Die einzige Vorgabe lautet dann: *„Beantworte die Forscherfrage".* Ich habe mich dafür entschieden, den Schülern **Pflichtaufgaben** zu stellen, da ich die Arbeit der Klasse auf eine gemeinsame Übungsgrundlage stellen wollte – auch wenn das dem freien und offenen Charakter des Portfolios zu widersprechen scheint. Diese Entscheidung traf ich auch vor dem Hintergrund meiner Erfahrung, dass zu viel „Freiheit" Schüler bei der Portfolio-Arbeit auch überfordern kann. Einige schätzen es, wenn ihnen eine gewisse Struktur vorgegeben wird.

Durch die Pflichtaufgaben sollten die Schüler ein weiteres Spektrum von Schreibformen einüben, als das der aktuellen Jahrgangsstufe. Bei der Auswahl der Aufgaben ist es einerseits wichtig, sicherzustellen, dass die Schüler mit ihrem bisherigen Kenntnisstand die Anforderungen auch wirklich bewältigen können, andererseits muss klar sein, welche Kompetenzen sie durch deren Bearbeitung erwerben.

Deshalb habe ich mich vom Bildungsplan der 8. Klasse gelöst und auch bereits eingeführte Aufsatzformen der 6. und 7. Klasse miteinbezogen, wie z.B. Bericht und Protokoll. Dadurch wurde die Portfolio-Arbeit nicht nur fächer-, sondern auch **jahrgangsstufenübergreifend**. Ich wollte damit der Tendenz im Deutschunterricht entgegenwirken, dass Textformen, die der Schüler einmal als Klassenarbeit geschrieben hat, meist sofort in Vergessenheit geraten und so gut wie nie wirklich überarbeitet werden.

Zum Zeitpunkt der Portfolio-Einheit (gegen Ende der 8. Jahrgangsstufe) beherrschen die Schüler das Schreiben einer **Inhaltsangabe**, eines Ergebnisprotokolls, des **Berichts** und argumentierender Texte. Einen der Sachtexte, den sie gelesen haben und für besonders wichtig halten, müssen die Schüler zu einer Inhaltsangabe zusammenfassen. Der Bericht ist eine sachlich präzise Wiedergabe von Ereignissen, die der Autor selbst erlebt oder von denen er indirekt erfahren hat. Die Schüler müssen einen Bericht verfassen, in dem sie ihre Arbeit an ihrem Portfolio vorstellen. Das **Protokoll** dient im Allgemeinen der Dokumentation einer Sitzung oder eines Gesprächs. Die Schüler sollen als Pflichtaufgabe ein Peer-Beratungsgespräch zwischen zwei Mitschüler protokollieren.

Eine weitere Pflichtaufgabe ist das Verfassen eines **argumentativen Textes**, mit dem der Autor des Portfolios seine selbstgewählte Forscherfrage beantwortet. Damit wird eine aktuelle Forderung der Schreibdidaktik erfüllt: Der Schüler schreibt nicht als Selbstzweck über Themen, die ihm der Lehrer vorgibt, sondern verfolgt mit seinem Text tatsächlich ein reales Ziel, d.h. der Anlass seines Schreibens ist authentisch.

Aus Anzahl und Umfang der Pflichtaufgaben lässt sich der ungefähre zeitliche Umfang der Portfolio-Einheit ableiten. Ich rechne dann für die Bearbeitung der Pflichtaufgaben und den fakultativen Teil jeweils die Hälfte der

Zeit ein. Bei den **fakultativen Aufgaben** können die Schüler ihrer Kreativität und ihrem Forscherdrang freien Lauf lassen – mit einer Einschränkung: Die Aufgaben haben einen Bezug zur Forscherfrage, der auch für Außenstehende, nicht nur für den Lehrer, zu erkennen ist. Da dieser nicht immer auf den ersten Blick erkennbar ist, müssen die Schüler ihren fakultativen Arbeiten einen Text beilegen. Darin stellen sie ihre Arbeit kurz vor und erklären, wie sie auf diese Aufgabe kamen, wie sie sie bearbeiteten und in welchem Zusammenhang sie zur Forscherfrage steht. Der fakultative Teil der Portfolio-Arbeit macht den Schülern meiner Erfahrung nach am meisten Spaß. Sie stellen sich selbst Aufgaben, die sie planen, durchführen, dokumentieren und reflektieren. Viele basteln z.B. mit Begeisterung Modelle, drehen Filme oder interviewen Experten.

Das heißt zusammengefasst: Je freier die Aufgabenstellung bei Portfolios, desto mehr können die Schüler selbstständiges Planen und Durchführen von Aufgaben üben, desto größer ist aber auch die Gefahr, dass sie sich verzetteln und wesentliche Lernziele nicht erreichen.

Strukturplanung einer Portfolio-Einheit im Deutschunterricht auf der Grundlage von Sachtexten

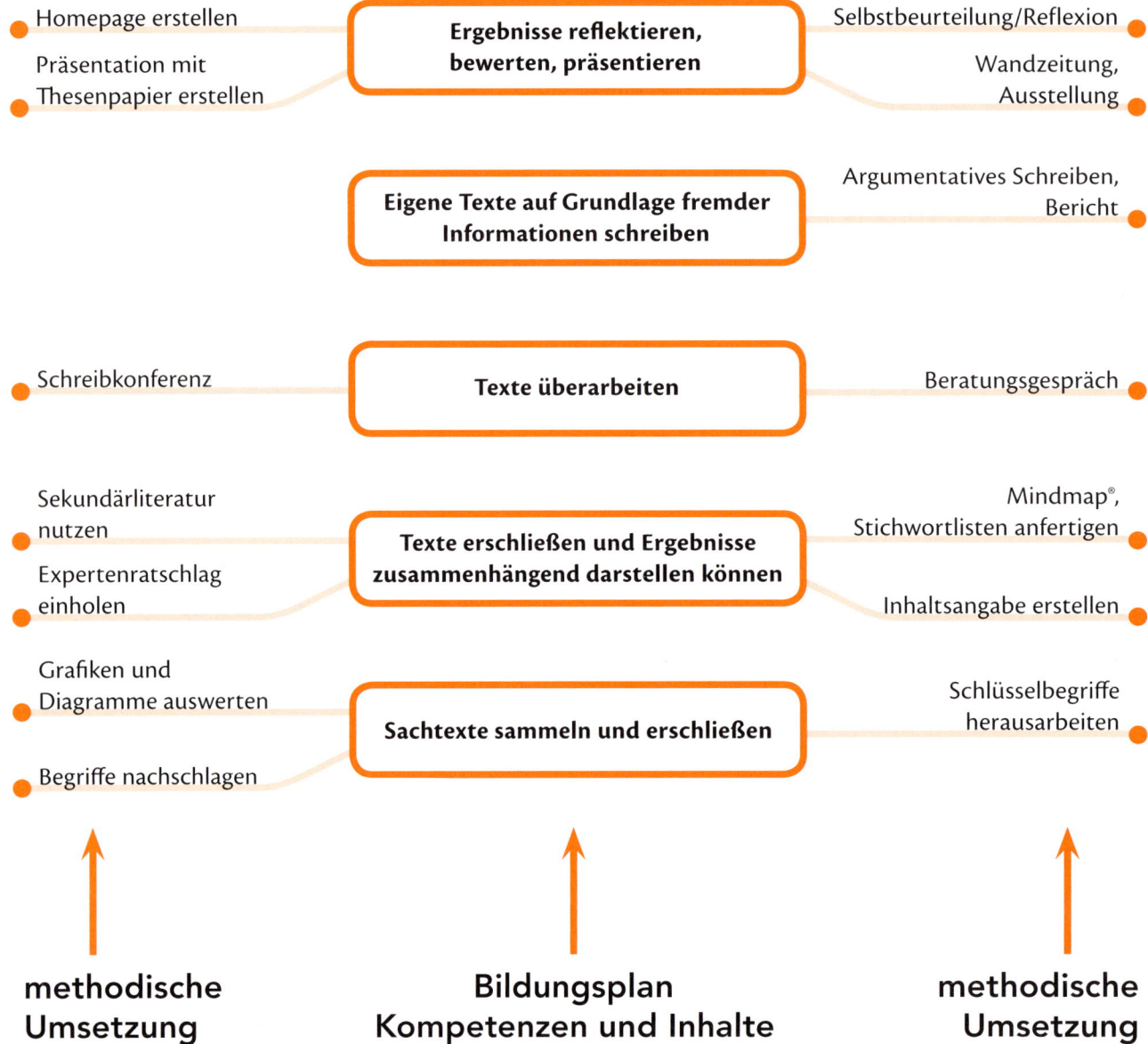

Homepage erstellen

Präsentation mit Thesenpapier erstellen

Ergebnisse reflektieren, bewerten, präsentieren

Selbstbeurteilung/Reflexion

Wandzeitung, Ausstellung

Eigene Texte auf Grundlage fremder Informationen schreiben

Argumentatives Schreiben, Bericht

Schreibkonferenz

Texte überarbeiten

Beratungsgespräch

Sekundärliteratur nutzen

Expertenratschlag einholen

Texte erschließen und Ergebnisse zusammenhängend darstellen können

Mindmap®, Stichwortlisten anfertigen

Inhaltsangabe erstellen

Grafiken und Diagramme auswerten

Begriffe nachschlagen

Sachtexte sammeln und erschließen

Schlüsselbegriffe herausarbeiten

methodische Umsetzung

Bildungsplan Kompetenzen und Inhalte

methodische Umsetzung

Kriterien für die Pflichtaufgaben

Die Pflichtaufgaben sollten mit einem gemeinsam erarbeiteten **Kriterienraster** verbunden werden, an dem sich die Schüler während ihrer Arbeit orientieren können. Meine Schüler hatten vorab als Hausaufgabe auf, die Merkmale des Berichts, des Protokolls und der Inhaltsangabe sowie des argumentativen Schreibens noch einmal zu wiederholen. In der Folgestunde fassten sie dann die Kennzeichen dieser Aufsatzformen in arbeitsteiliger Gruppenarbeit zusammen und erstellten eine Übersicht mit den Kennzeichen aller Textsorten in Hinblick auf Inhalt und Aufbau, die alle Schüler in ihrem Portfolio-Ordner ablegten. Später verwendeten sie sie als Hilfe für die Überarbeitung und Auswahl ihrer Texte, indem sie ihre Arbeit mit den Kriterien des Rasters verglichen.

▷ Die Merkmale von Inhaltsangabe, Bericht und Protokoll

Inhaltsangabe

Zweck: Wiedergabe des wesentlichen Inhaltes eines Textes in verkürzter Form

Aufbau: Aussagekern (Kurzinformation über den Text) und Inhaltswiedergabe (Handlungsverlauf)

Sprache: sachlich, ohne Ausschmückung und wörtliche Rede, Zeitstufe: Präsens

Beispiel: Buch- oder Filmbesprechung

Bericht

Zweck: sachlich und präzise über ein Ereignis informieren

Aufbau: **Einleitung** – (beantwortet die W-Fragen: Wann? Wo? Wer? Wie?)
Hauptteil – auf Leser ausgerichtete Wiedergabe der Ereignisse in zeitlich richtiger Reihenfolge

Sprache: sachlich, genau, knapp

Zeitstufe: Präteritum

Beispiel: Zeitungsbericht, Unfallbericht

Protokoll

Zweck: Wiedergabe eines Gesprächsverlaufs und seiner Ergebnisse

Aufbau: **Kopfteil** – grundlegende Information mit bestimmten Angaben: Ort, Datum und Zeit, Teilnehmer/-innen, Anlass, ggfs. Tagesordnung
Hauptteil – Wiedergabe der Redebeiträge in geraffter Form und in der Reihenfolge, in der sie gesprochen wurden
Schlussteil – das Protokoll wird vom Protokollanten unterzeichnet

Sprache: sachlich, Wiedergabe der Aussagen durch indirekte Rede

Zeitstufe: Präsens

Beispiel: Protokoll einer Sitzung der Schulkonferenz

Organisatorische Maßnahmen

Zu Beginn der Portfolio-Arbeit brauchen die Schüler eine gewisse Zeit zum Sammeln von Informationen. Die meisten wollen sofort damit loslegen, sie sich in Form von Texten aus dem Internet, Büchern, Zeitschriften und anderen Medien zu beschaffen.

Aufgabe des Lehrers ist es, Ihrem Forscherdrang ein Angebot von Informationsquellen zu bieten. Zum einen sollten im Klassenzimmer Nachschlagewerke, wie Lexika und Wörterbücher, zur Verfügung stehen. Natürlich können die Schüler auch ihre eigenen Lexika oder CD-ROMs verwenden. Um das Angebot an Medien noch zu erweitern, besuchte die Klasse an einem Vormittag die Stadtbücherei. Ich hatte die Bibliothekarin vorab über unseren Besuch und seine Ursache informiert, sodass sie die Schüler ganz gezielt beraten konnte. Auch durch Exkursionen in Museen oder historische Archive können sich Schüler wichtige Informationen für ihr Thema beschaffen.

Für ihre Recherchen sollten den Schülern auch **Computer mit Internet-Zugang** zur Verfügung stehen. Zum einen können sie mit Textverarbeitungs-Programmen ihre Aufsätze leicht erstellen und überarbeiten. Zum anderen eröffnet sich ihnen mit dem Internet ein unerschöpfliches Angebot an aktuellen Informationen. Nach der Absprache mit dem zuständigen Kollegen konnte ich für die Hälfte unserer Portfolio-Einheit zwei Computerräume reservieren, die uns an zwei Tagen pro Woche zur Verfügung standen. An unserer Schule gibt es außerdem einen offenen Computerraum, den die Schüler in der zweiten Hälfte der Unterrichtseinheit jederzeit benutzen konnten.

Ein Problem beim Einsatz von Computern außerhalb des Klassenzimmers ist oft die Einhaltung der Aufsichtspflicht. Wenn ein Teil Ihrer Schüler in einem anderen Raum an Computern arbeiten muss, so bitten Sie einen Kollegen, dort Aufsicht zu leisten. Wechseln Sie sich dann mit ihm ab, damit Sie entweder die Schüler an den Computern oder die im Klassenraum unterstützen können, ohne die andere Gruppe allein zu lassen.

Falls für die Portfolio-Einheit der herkömmliche 45-Minuten-Rhythmus der Stunden unterbrochen werden soll, müssen Sie dies mit der Schulleitung und den betroffenen Kollegen rechtzeitig absprechen.

Wer Freiarbeit oder Stationenlernen im Unterricht praktiziert, weiß, dass diese offenen Lernformen oft kaum in eine einzelne Stunde passen. Bis die Stationen aufgebaut sind, bzw. die Unterlagen ausgepackt und die Sitzordnung geändert wurden, ist die Stunde schon halb vorbei, und in der Phase der größten Produktivität ertönt dann meist der Gong. Längst ist erwiesen, dass offene Unterrichtsformen auch eine **Öffnung der starren Stundenplanzeiten** erfordern. Das gilt auch für die Portfolio-Arbeit. Natürlich ist mit einer Dehnung der Stunde auf zwei oder sogar drei mal 45 Minuten ein organisatorischer Aufwand verbunden. Er lohnt sich aber.

Ich habe festgestellt, dass es kein Problem ist, die Aufmerksamkeit und Konzentration der Schüler über eine Doppelstunde bzw. sogar über drei Stunden aufrechtzuerhalten. Die Schüler sind meist so beschäftigt mit ihrer jeweiligen Aufgabe, mit Recherchen oder Beratungsgesprächen, dass die Zeit für sie viel schneller zu vergehen scheint als in einer „normalen" Stunde. Die speziellen methodischen Merkmale der Portfolio-Arbeit, wie Beratungsgespräch und Reflexion werden den Schülern erleichtert, wenn sie genügend Zeit zur Verfügung haben und sich nicht gehetzt fühlen. Sprechen Sie also mit Ihren Kollegen und bieten Sie ihnen einen **Stundentausch** an. Ich habe die Erfahrung gemacht, dass Schüler in einer Doppelstunde effektiver arbeiten als in zwei Einzelstunden.

Klären Sie auch eine mögliche **Zusammenarbeit mit anderen Lehrern** ab. Auf Grund des Themas „USA" sprach ich die Kollegin an, die in der gleichen Jahrgangsstufe Englisch unterrichtete. Kein Lehrer reagiert begeistert, wenn er um einen Gefallen gebeten wird, der ihn die dringend benötigte Freistunde kostet. Dennoch war meine Kollegin sofort damit einverstanden, in einer Stunde als Expertin für Fragen der Schüler zur Verfügung zu stehen. Die Schüler selbst waren auch begeistert von der Idee, einmal die Lehrerin ganz offiziell mit Fragen löchern zu dürfen. Auch eine Zusammenarbeit mit dem Geschichte- und Erdkundelehrer der Klasse hätte sich angeboten, war aber auf Grund der Stundentafel der Kollegen nicht möglich.

Motivieren Sie Ihre Kollegen für das Projekt, indem Sie sie darauf hinweisen, dass es Schüler sehr schätzen, wenn sich Lehrer auch außerhalb ihrer regulären Stunden für das Lernen der Klasse interessieren. Auch eine Form des **Team-Teachings** wäre hier phasenweise möglich.

Je nachdem, wie groß das angestammte **Klassenzimmer** ist, bietet es sich an, dass die Klasse für den Zeitraum der Portfolio-Arbeit in einen größeren Klassenraum wechselt. Die Schüler sollten frei zwischen den Tischen umherlaufen können, um sich problemlos Beratung bei ihren Mitschülern holen zu können. Schieben Sie die Tische zu Gruppentischen zusammen. Zwar arbeiten die Schüler überwiegend allein an ihrem Portfolio, aber in der Gruppe zu sitzen, macht den meisten Schülern mehr Spaß und regt ihre Motivation an.

Finden oder schaffen Sie einen Platz, wo die Schüler ihre Mappen bis zur nächsten Stunde verstauen können und der sich abschließen lässt. Viele Schüler möchten ihr Portfolio ständig mit nach Hause nehmen. Raten Sie ihnen davon ab. Zum einen haben Sie als Lehrer dann nicht die Möglichkeit, den Schüler beim Lernen und Arbeiten zu beobachten. Zum anderen können Sie nicht sicher gehen, dass z.B. die Inhaltsangabe auch wirklich von ihm und nicht von seiner großen Schwester stammt.

Nicht zuletzt ist die Wahrscheinlichkeit, dass die Mappe zu Hause vergessen wird, ei manchen Schülern sehr hoch. Erst, wenn gegen Ende der Portfolio-Arbeit abzusehen ist, dass der Schüler in Zeitnot gerät, sollte er versuchen, seinen Rückstand durch Nacharbeit zu Hause aufzuholen.

Portfolio-Arbeit zeitlich planen

Je nachdem, wie das Portfolio in den Unterricht eingebunden wird, ob nach dem Zentral-, dem Parallel- oder dem Integrationsmodell, muss der zeitliche Rahmen festgelegt werden. Arbeitet eine Klasse zum ersten Mal mit Portfolios, so bietet sich das **Integrationsmodell** an. Hier hat der Lehrer die Möglichkeit, bei grundlegenden Problemen oder Lernhindernissen einzugreifen und einzelne, wichtige Bereiche zu klären. Damit nimmt er also für kurze Zeit die Selbststeuerung der Schüler wieder etwas zurück und leitet einen kurzen Vermittlungsprozess. Dadurch wird sichergestellt, dass wichtige Inhalte nicht übersehen werden und alle Schüler wieder auf einen einheitlichen Wissensstand gebracht sind. Ich habe mich bei der vorliegenden Unterrichtseinheit für das **Zentral-Modell** entschieden, da meine Schüler durch Freiarbeit und Projekte schon Erfahrung im Arbeiten ohne Steuerung des Lehrers hatten.

Zur selbstständigen Organisation ihrer Arbeit gehört es, dass die Schüler frühzeitig ihren **individuellen Arbeitsplan** schriftlich festhalten. Jeder Planungsbogen umfasst einen Zeitraum von zwei Wochen (s. S. 80). Die Schüler legen zunächst fest, an welcher Aufgabe (egal ob Pflichtaufgabe oder fakultative Aufgabe) sie in einer bestimmten Stunde arbeiten wollen. Später tragen sie darin ein, wie lange sie dafür gebraucht haben und ob sie die Aufgabe in dieser Zeit überhaupt beenden konnten.

Die Schüler ollen ein Bewusstsein dafür entwickeln, dass zeitliche Planung und die Fähigkeit, sein Lerntempo einzuschätzen, eine wichtige Voraussetzung für selbstständiges Lernen mit den Portfolios ist. Der Portfolio-Planer ist eine wichtige Hilfe für die Schüler, das große Zeitfenster von vier bis sechs Wochen zu überschauen und in Lernetappen einzuteilen. Durch die schriftliche Planung wird den Schülern deutlich, wie viele Stunden sie insgesamt zur Verfügung haben und wie sie mit dieser Zeit zurechtkommen.

Machen Sie ihnen deshalb von Beginn an klar, welche große Bedeutung dem Portfolio-Planer zukommt, und kontrollieren Sie die Eintragungen darin. Einige Schüler füllen den Plan erst nach getaner Arbeit aus, andere gar nicht. Selbstbetrug bei der Planung soll in

erster Line den Lehrer beeindrucken und ihn von den vermeintlichen Planungsqualitäten des Schülers überzeugen. Bei ihrem ersten Portfolio fällt es den Lernenden oft schwer, die zeitlichen Vorgaben einzuhalten. Treten bei einigen in dieser Hinsicht Probleme auf, so berate ich sie und helfe ihnen, entweder effektiver zu arbeiten, oder ihre Zeit realistischer zu planen. Gemeinsam analysieren wir, warum die Planung nicht eingehalten werden kann. In kleinen Schritten kann der Schüler dann den Ist- an den Sollzustand annähern. Gelingt dies im einen oder anderen Fall gar nicht, werden die fakultativen Aufgaben des Schülers reduziert.

Schüler, die noch wenig oder gar **keine Erfahrung** mit Portfolios haben, sollten die Bearbeitung der Pflichtaufgaben von Anfang an im Blick behalten. Ich empfehle ihnen, diese Aufgaben zuerst zu erledigen, auch wenn dies wie ein Eingriff in das selbstständige Arbeiten der Schüler erscheinen mag. Zum selbstständigen Arbeiten gehört schließlich, dass Schüler Fehler machen dürfen, z.B. auch was ihre zeitliche Planung betrifft. Wer Schülern mehr Freiraum zugesteht, muss damit rechnen, dass sie über „Versuch und Irrtum" lernen. Ich versuche, hier einen Mittelweg zu finden, um den Schülern frustrierende Erlebnisse zu ersparen. Wenn sie die Pflichtaufgaben rechtzeitig erledigt haben, bleibt genügend Zeit für Besprechung und Überarbeitung – wesentliche Arbeitsschritte der Portfolio-Arbeit. Fehlt dem Schüler Zeit, kann es passieren, dass er diese wichtigen Aufgaben vernachlässigt. Schüler müssen erst einmal lernen, mit der methodischen und inhaltlichen Freiheit umzugehen und sie effektiv zu nutzen. Manche verwenden sehr viel Zeit darauf, sich zu organisieren oder ihre Blätter und Mappen zu gestalten. Andere schieben die Pflichtaufgaben bis kurz vor Abgabetermin hinaus und werden dann hektisch. Der Lehrer sollte deshalb vor allem die Schüler im Auge behalten, die sich leicht verzetteln oder Schwierigkeiten mit dem

Zeitmanagement haben könnten, denn eine unzureichende Planung kann schnell zu Frusterlebnissen führen. Hinzu kommt, dass manche Schüler ihre Motivation und ihren Arbeitseifer, verknüpft mit hohen Erwartungen an sich, in falsche Bahnen lenken und viel Zeit in Aufgaben und Produkte investieren, die an der übergeordneten Aufgabenstellung vorbeigehen oder sich zu sehr vom eigentlichen Thema entfernen. **Beobachten** Sie deshalb in jeder Stunde genau, womit sich Ihre Schüler gerade beschäftigen, und helfen Sie ihnen gegebenenfalls, ihre Arbeitsausrichtung zu korrigieren.

In der Schlussphase der Portfolio-Arbeit (in den letzten drei Stunden) dürfen die Schüler zu Hause noch einmal an ihrem Portfolio feilen und investieren dabei erfahrungsgemäß viel Zeit. Sprechen Sie sich deshalb mit den anderen Lehrern dieser Klasse ab, um eine Anhäufung von Schulaufgaben oder unangekündigten Kurztests in dieser Zeit zu vermeiden.

Ich empfehle, die Arbeit mit dem Portfolio im **letzten Drittel des Schuljahres** durchzuführen. Dann haben die Schüler den größten Teil der Klassenarbeiten und sonstigen Tests hinter sich und den Kopf eher frei für Dinge jenseits der alltäglichen Abfrage- und Prüfungsroutine. Außerdem können Sie die Pflichtaufgaben des Portfolios nutzen, um den Stoff des Schuljahres wiederholen zu lassen.

Der Gesamtzeitraum der Portfolio-Einheit variiert danach, wie viele Wochenstunden Ihrem Fach zur Verfügung stehen. Dennoch sollte eine Einheit nicht länger als sechs Wochen dauern. Werden alle Arbeitsblätter dieses Buches in vier Stunden pro Woche eingesetzt, dauert die Unterrichtseinheit ohne Präsentationen mindestens vier Wochen. Wie viel Zeit Ihre Schüler für ihr Portfolio benötigen, ist im Allgemeinen von ihrem Leistungsvermögen, ihren methodischen Kompetenzen und dem Arbeitsumfang der Pflichtaufgaben abhängig.

Durchführung der Unterrichtseinheit „Sachtexte über die USA"

Methodenschulung

Arbeit mit Portfolios soll die **Eigenständigkeit** der Schüler fördern. Das ist leicht gesagt. Um selbstständig lernen und arbeiten zu können, brauchen sie ein **Repertoire von Methoden und Strategien**. Vor längerer Zeit hat man in der Didaktik erkannt, wie wichtig es ist, dass Schüler eine allgemeine Methoden-

kompetenz erwerben. Der Begriff ist seitdem ein Dauerbrenner in den Bildungsplänen und in der didaktischen Literatur. Deshalb soll er hier nicht noch einmal thematisiert werden. Die meisten Lehrer wissen längst: Nur wenn Schüler über Methodenkompetenz verfügen, kann von ihnen erwartet werden, dass sie ihr

Lernen selbstständig steuern und die Anforderungen einer Welt der Information und Veränderung erfüllen.

Gibt es an Ihrer Schule ein **Methodencurriculum**, sollten Sie überprüfen, welche für die Arbeit am Portfolio benötigten Arbeitsmethoden Sie bei ihren Schülern voraussetzen können. Bei der Einführung der verschiedenen Methoden habe ich mich am Methodencurriculum der Realschule Enger orientiert. Es sieht als vier große Bereiche der Methodenkompetenz Sachkompetenz, Methodenkompetenz, Selbst- und Sozialkompetenz vor und gibt eine genaue Anleitung, wie die einzelnen Fähigkeiten in unterschiedlichen Jahrgangsstufen eingeführt werden können. (Informationen aus: **www.rsenger.de/index. php?option=com_content&- task=view&id=61&Itemid=111**) In der fünften Klasse werden das Erstellen von Mindmaps®, das Visualisieren und das Lernen über verschiedene Sinne einge-

führt. In der sechsten Klasse kommen Lesetechniken, das Markieren und Strukturieren von Informationen, das Vorbereiten von Klassenarbeiten und das Nachschlagen hinzu.

Auf dieser Grundlage werden in der siebten Klasse **Techniken der Informationsbeschaffung** und der Ideenfindung, wie z.B. Brainstorming, vermittelt. Auf diese Arbeits- und Lerntechniken konnte ich als Lehrer also zu Beginn der achten Jahrgangsstufe aufbauen. Außerdem konnten die Schüler noch von den im Laufe des Schuljahrs vermittelten **Techniken der Präsentation und Zeitplanung** profitieren, da die Portfolio-Einheit erst im zweiten Halbjahr durchgeführt wurde. In der folgenden Tabelle werden die Arbeitstechniken beschrieben, die grundlegend für Portfolio-Arbeit sind und von den Schülern zu Beginn noch einmal kurz wiederholt wurden:

Arbeitstechniken: Das „Werkzeug" für die Portfolio-Arbeit

▶ Markieren und Zusammenfassen von Texten

So geht's:
Die **Schlüsselbegriffe** eines Textes werden farbig hervorgehoben, dabei darf nicht mehr als ein Zehntel der Wörter unterstrichen werden.

So vermitteln Sie diese Methode:
Die Schüler erhalten einen Text, dessen Schlüsselbegriffe sie unterstreichen. Diese schreiben sie ab und berichten dann nur mit Hilfe der einzelnen Begriffe einem anderen vom Inhalt des Textes.

▶ Recherche im Internet

So geht's:
Für viele ist es schon die am häufigsten genutzte Informationsquelle der Gegenwart: das Internet, das eine unüberschaubare Zahl von Texten und Informationen jeder Art liefert. Viele Schüler surfen regelmäßig im Internet,

nutzen E-Mail und Chats für ihre private Kommunikation. Eine gezielte Suche nach bestimmten Informationen stellt dennoch viele vor ein Problem, v.a. wenn es um komplexere Themen als das Kinoprogramm geht.

Der erste Teil der Herausforderung „Informationsrecherche im Internet" besteht also darin, passende Texte in kurzer Zeit aufzufinden. Der zweite Teil darin, diese Texte zu bewerten und zu bearbeiten. Schüler müssen aus der Flut von Texten diejenigen auswählen können, die **relevant** für ihre Fragestellung sind. Aus den Fremdtexten sollen sie zielgerichtet wichtige Informationen entnehmen und für ihre Zwecke weiter bearbeiten können. **Erfolgreiches und zeitsparendes Recherchieren** ist eine wichtige Fähigkeit, die Schüler vor allem bei der Portfolio-Arbeit einüben können. Dabei müssen sie allerdings einige Aspekte beachten. Aus Platzgründen kann an dieser Stelle nicht ausführlich auf dieses Thema eingegangen werden. Hier nur die **wichtigsten Hinweise**:

▷ Für eine erste Orientierung zu einem Thema sollten die Schüler auf das gute, alte **Lexikon** zurückgreifen. Die darin abgedruckten Jahreszahlen und Daten sind immer noch verlässlicher als die virtueller Enzyklopädien im Netz.

▷ Die Textrecherche funktioniert am besten mit **Such- oder Metasuchmaschinen** (Suchmaschinen, die die Ergebnisse vieler Suchmaschinen zusammenfassen), wie z.B. · **www.google.de**
  · **www.firefox.de**
  · **www.metacrawler.de**
  Sie können allerdings keine Seiten aufspüren, die laufend aktualisiert werden, wie z.B. News-Ticker. Suchen Schüler nach zeitgeschichtlichen oder aktuellen wissenschaftlichen Themen, sollten sie deshalb die **Archive von Tageszeitungen und Zeitschriften** im Internet durchsuchen (z.B. **www.sueddeutsche.de – www.spiegel.de**). **Fachmagazine** bieten auf ihren Seiten die allerneusten Ergebnisse aus Forschung und Wissenschaft (**www.wissenschaft.de**).

▷ Die Zahl der Seiten im Netz mit unseriöser bis unsinniger Information ist groß.

Portale von großen Museen, Fachzeitschriften, staatlichen Einrichtungen etc. geben verlässlich Auskunft, so z.B. die Seite der Bundeszentrale für politische Bildung (**www.bpb.de**) oder die des statistischen Bundesamtes (**www.destatis.de**).

▷ Schüler, die sich mit fremden Federn schmücken und Texte aus dem Internet für ihre eigenen ausgeben, gehen ein großes Risiko ein – nämlich eine Herabstufung des Wertes ihrer Arbeit. Mit einer schriftlichen Erklärung lasse ich mir von allen Schülern ihren korrekten Umgang mit Fremdtexten bestätigen (s. S. 79). Wer dennoch schummelt, riskiert eine Sechs auf diese Arbeit. Sofern dies zu ermitteln ist, müssen die Web-Adresse wie sie in der Browser-Zeile steht und das Abrufdatum der Seite angegeben werden, z.B.: **www.kwanza.com/biographies. html** –(23.07.2006)
Mittlerweile haben findige Programmierer einige Seiten ins Netz gestellt, mit deren Hilfe Lehrer ihren Schülern auf die Schliche kommen können. Das Programm **„plagiarism finder"** gleicht verdächtige Passagen mit Dokumenten im Netz ab. Es kann im Internet heruntergeladen werden, allerdings nicht kostenfrei (z.B. auf: **www.m4-software.de/produkte.htm**).

So üben Ihre Schüler dieses Verfahren:
Die Schüler arbeiten in Kleingruppen zusammen und besprechen sich, ob die ausgewählten Texte relevante Informationen enthalten und aus einer verlässlichen Quelle stammen. Um zu verhindern, dass Schüler Fremdtexte als ihre eigenen ausgeben, dürfen sie sich nur Notizen machen, die Texte aber nicht ausdrucken.

▶ Erstellen einer Mindmap® oder eines Clusters

So geht's:

Diese kreativen Techniken ermöglichen es dem Lernenden, Einfälle und Ideen geordnet oder ungeordnet festzuhalten, um daraus eine **Übersicht** von (zusammengehörigen) Begriffen zu einem Thema anzulegen.

Ein **Cluster** ist eine Sammlung von Begriffen um einen Kernbegriff herum, jedoch ohne ordnende Struktur. Eine **Mindmap**® ist eine geordnete Zusammenstellung von Begriffen, die Zusammenhänge innerhalb eines Themas aufzeigt.

So vermitteln Sie diese Methoden:

Ein zentraler Begriff oder Satz steht in der Mitte eines Blattes. Er steht für den Kern eines Problems oder einer Fragestellung. Dann schreiben die Schüler alles, was ihnen dazu einfällt, als Begriff oder kurzen Satz auf Papierstreifen. Anschließend versuchen sie, Beziehungen zwischen den Begriffen herzustellen und sie in Ober- und Unterkategorien zu gliedern. Es entsteht so eine logische Struktur, die sich durch vom Zentrum ausgehende „Äste" und „Zweige" grafisch ausdrückt. Steht die Anordnung fest, werden die Schnipsel aufgeklebt, sodass ein Netz von sich auffächernden Begriffen vom Kernbegriff ausgeht.

▶ Mit Hilfe von Schlüsselbegriffen eine Präsentation durchführen

So geht's:

Die Schüler sollen ohne ausformuliertes Skript, nur mit Hilfe von Schlüsselbegriffen, eine Präsentation durchführen können. Ausgangspunkt kann eine Mindmap® sein.

In den meisten Schulstufen beginnen die Schüler bereits in der 5. und 6. Jahrgangsstufe damit, Referate zu einem bestimmten Thema zu halten. Deshalb ist diese Aufgabe den Schülern in der 8. Klasse in der Regel bestens vertraut. Der Lehrer kann gemeinsam mit den Schülern entscheiden, ob jeder Referent ein Handout, bzw. sogar ein Arbeitsblatt für seine Mitschüler anfertigt. Erfahrungsgemäß fällt dies vielen Schülern nicht leicht. In meiner Klasse einigten sich die Schüler darauf, ein **Paper** anzufertigen, das die Inhalte der Präsentation noch einmal zusammenfasst und drei Fragen enthält, die das Verständnis der Zuhörer überprüfen. Obwohl alle Schüler unterschiedliche Themen bearbeite'n, gewannen sie mit den Papern der anderen einen umfassenden Überblick über die vielen Facetten des übergeordneten Themas.

So vermitteln Sie diese Methode:

Im Deutschunterricht und in anderen Fächern müssen Schüler im Verlauf ihrer Schulzeit mehrere Referate zu verschiedenen Themen halten.

Es gibt unterschiedliche Möglichkeiten, diese Aufgabe anzubahnen, sie sind jedoch immer langfristig angelegt, da sie viele Einzelkompetenzen umfasst.

Bei Portfolios in den untersten Klassen wird der Lehrer deshalb nicht die gleichen Ansprüche an die Präsentation der Schüler stellen wie in der 8. Klasse.

Geben Sie ihren Schülern den Tipp, ihre Präsentation auf jeden Fall zu Hause zu üben – am besten vor Publikum. Falls möglich, sollten sie sich dabei selbst mit einem Tonband oder einer Kamera aufnehmen, um sich hinterher selbst beurteilen zu können. Weisen Sie sie im Unterricht noch einmal auf die wichtigsten Kriterien für eine gelungene Präsentation hin. Eine Anzahl davon finden Sie auf der Checkliste „Beurteilung deiner Portfolio-Präsentation" (s. S. 93).

Erschließen und Überarbeiten von Texten

Grundlegende Lese- und Verstehenstechniken üben Schüler von der 1. Klasse an. Nichtsdestotrotz gelingt es dem deutschen Bildungssystem der letzten PISA-Studie zu Folge nicht, das Textverständnis der Schüler im erforderlichen Maße bis zur Mittelstufe auszubauen. Eine Möglichkeit, diese Basisfertigkeit in der Sekundarstufe zu trainieren, ist die **„Fünf-Schritt-Lesetechnik"**. Deutschlehrer kennen sie normalerweise, dennoch soll sie hier noch einmal kurz vorgestellt werden:

1. **Zunächst überfliegen die Schüler den Text.**

2. **Anschließend formulieren sie Fragen zum Text, z.B. „Was ist eigentlich ein Indianer-Reservat?", „Warum werden viele Indianer alkoholkrank?"**

3. **In einem zweiten Lesedurchgang wird der Inhalt gründlich gelesen.**

4. **Die Schlüsselbegriffe werden hervorgehoben.**

5. **Indem die Leser anschließend Zwischenüberschriften finden, fassen sie den Text zusammen und legen Sinnabschnitte fest. Dabei versuchen sie auch, die anfangs gestellten Fragen zu beantworten.**

Der „Fünf-Schritt-Lesetechnik" liegt die lernpsychologische Annahme zu Grunde, dass das Vorwissen des Lesers sein Verstehen beeinflusst und deshalb vor dem Lesen aktiviert werden muss. Indem der Schüler Fragen an den Text stellt, wird dies gefördert. Wenn sie die Technik anwenden, können Schüler weitgehend selbstständig unbekannte Texte erschließen. Sie ordnen die neu gewonnene Information und verwenden sie u. a. als Grundlage für das argumentative Schreiben und die Inhaltsangabe. Diese Aufsätze würden im konventionellen Unterricht – einmal verfasst – vom Lehrer korrigiert und anschließend, mit einem Kommentar versehen,

an den Schüler zurückgegeben. Meist endet der Arbeitsprozess des Schülers an einem Text mit der Korrektur des Lehrers. Die Klassenarbeit verschwindet in den Schularchiven, und wenig später weiß der Schüler, außer seiner Note, nicht mehr viel über seine Leistung zu berichten. Die Beratung des Lehrers (die jeder Aufsatzkommentar neben einer Bewertung enthalten sollte) verpufft ungenutzt. Eine wichtige Erkenntnis der Schreibdidaktik lautet heute aber: **Schreiben bedeutet Überarbeiten**.

Durch eine **Schreibkonferenz** kann die Forderung nach echter Überarbeitung eines Textes durch den Schüler umgesetzt werden. Mittlerweile etablieren sich Schreibkonferenzen langsam auch im regulären Deutschunterricht. Sie können aber besonders Gewinn bringend bei der Portfolio-Arbeit eingesetzt werden. Schreibkonferenzen werden von den Schülern selbst, ohne Unterstützung des Lehrers, durchgeführt. So fördern sie das selbstständige Arbeiten und Reflektieren der Schüler sowie ihre Kommunikation untereinander.

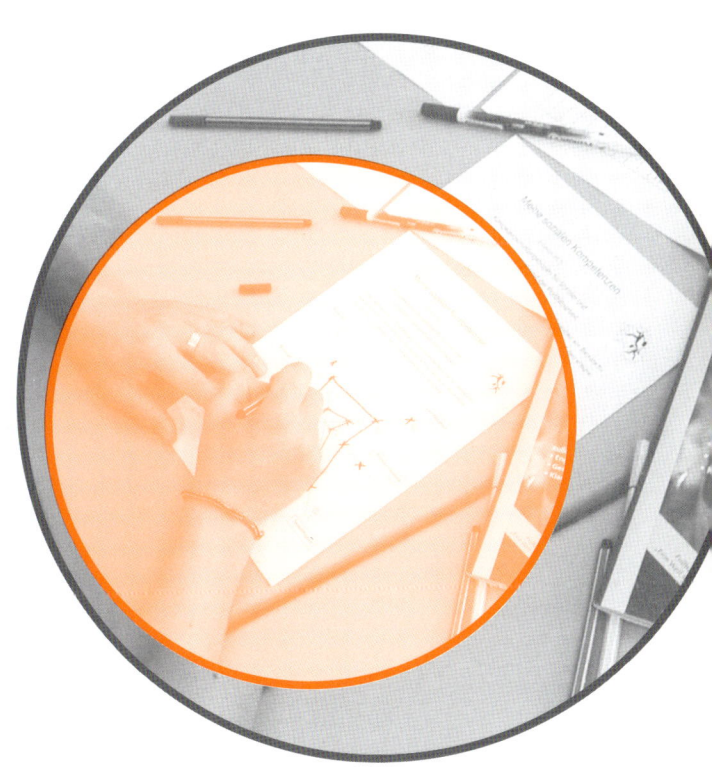

Die Schreibkonferenz

*Die Schüler kommen mit ihren Texten in einer Gruppe von 4–5 Leuten zusammen. Der linke Nachbar jedes Schreibers liest nun dessen Text, schreibt nach **vorher festgelegten Kriterien** einen Kommentar darunter und kennzeichnet diesen mit seinem Namenskürzel. Dabei darf nicht geredet werden. Der Text wird so lange im Uhrzeigersinn weitergegeben, bis alle Aufsätze gelesen und kommentiert sind. Im Anschluss daran überarbeitet jeder Lernende seinen Text anhand der Korrekturen, worauf eine neue Beratungsrunde folgen kann.*

Die Schreibkonferenz bietet Schülern die Gelegenheit, aus ihren „Fehlern" zu lernen, *d.h. die Schwächen ihres Textes zu reflektieren und zu beheben. Ist der Schreibprozess damit beendet, dass der Schüler die erste korrigierte Fassung seines Aufsatzes zurückerhält, fehlt ihm diese wesentliche Chance zur Verbesserung.*

Die Ergebnisse einer Schreibkonferenz können auch im Vorfeld einer Portfolio-Einheit eingesetzt werden, als vorbereitende Übung für die Peer-Beratung.

An die Schreibkonferenz kann sich eine persönliche Beratung anschließen, wenn die Schüler sich noch einmal zusammentun, aus deren Kommentar sich die meisten Rückfragen ergeben haben. Nach der Klärung können sich beide Partner bei der Überarbeitung ihrer Texte unterstützen und zusammenarbeiten. Da aber vor allem bei Schülern mit ähnlichem Leistungsniveau das Verbesserungspotenzial irgendwann erschöpft ist, kann die Schreibkonferenz die Korrektur des Lehrers letztlich nicht ersetzen. Ich sammle deshalb nach einigen Stunden die erste fertige Fassung der Schüleraufsätze ein und korrigiere sie. Die Schüler können den Text dann noch einmal abschreiben und die Korrekturen einarbeiten, falls die zu korrigierenden Stellen sehr umfangreich sind. Sie können aber auch die Verbesserungen in den Text einarbeiten, d.h. entweder Sätze an den Rand schreiben oder verbesserte Sätze als Fußnoten einfügen. Überarbeitungen am Text sollten sie durch eine andere Farbe kenntlich machen. Auch wenn sie eine zweite Version des Textes anfertigen, sollten sie die Änderungen farbig markieren, damit dem Lehrer später gleich ins Auge fällt, wie und ob seine Anmerkungen umgesetzt worden sind. Muss der Schüler in der Einleitung der Inhaltsangabe nur den Titel des Zeitungsartikels ergänzen, muss er nicht den ganzen Text neu abschreiben, sondern kann eine Fußnote setzen. Sind allerdings die Kerngedanken des Textes falsch erfasst worden oder bei der Argumentation der Dreischritt **„These – Beleg – Beispiel"** nicht eingehalten worden, empfiehlt es sich, den Text bzw. den Hauptteil noch einmal zu schreiben. Sehr wichtig ist dabei, dass die Schüler die neue Version ihres Textes als solche deutlich kennzeichnen.

Einführung in die Portfolio-Arbeit

Wie kann man eine völlig Portfolio-unerfahrene Klasse auf das Lernen und Arbeiten mit den Leistungsmappen vorbereiten? Die methodischen Möglichkeiten, das Portfolio-Konzept in einer Klasse einzuführen, sind so vielfältig wie die Einsatzmöglichkeiten der Mappen selbst. Im Folgenden möchte ich Ihnen mein methodisches Vorgehen vorstellen.

Hinführung auf eine neue Lern- und Arbeitsform

Da die Reflexion eines der zentralen Prinzipien der Portfolio-Arbeit ist, hielt ich es für sinnvoll, die Schüler schon zu Beginn indirekt damit vertraut zu machen. Ziel war es, die Klasse zum Nachdenken über ihr bisheriges Lernen zu veranlassen.

Mein Vorgehen dazu sollte einfach und gleichzeitig effektiv sein:
In die Mitte der Tafel schrieb ich den unvollständigen Satz **„Lernen ist ..."**. Aufgabe der Schüler war es, ihn zu ergänzen. Ihre Antworten notierte ich in Stichpunkten an der Tafel.

Anschließend erhielten die Schüler vier große Blätter, auf denen jeweils einer der folgenden Satzanfänge stand:

▷ **Ich lerne gut, wenn ...**

▷ **Mir macht lernen Spaß, wenn ...**

▷ **Am Lernen in der Schule stört mich:**

▷ **Mir fällt Lernen besonders schwer, wenn ...**

Die Blätter gingen in der Klasse reihum, und jeder Schüler notierte eine Satzergänzung.

Bei der **Besprechung der Ergebnisse** wurde deutlich: Viele Schüler wünschten sich mehr Möglichkeiten, im Unterricht zusammenarbeiten und sich gegenseitig beraten zu

können. Viele gaben auch an, dass sie am Unterricht stören würde, dass sie komplett eingebunden sind in den zeitlichen Ablauf der Stunde. Die Schüler empfinden es häufig als belastend, dass ihnen entweder nicht genug oder zuviel Zeit für die Bearbeitung der Aufgaben zur Verfügung steht und ihr eigenes Arbeitstempo nicht berücksichtigt wird.

Am häufigsten wurde jedoch Desinteresse am Lernstoff aufgeführt: *„Mir fällt Lernen besonders schwer, wenn mich das, was ich lernen soll, nicht interessiert und ich auch nicht weiß, was das eigentlich bringen soll."* So beschrieb eine meiner Schülerinnen ihr Problem.

Natürlich müssen sich Schüler auch bei Portfolio-Arbeit mit ungeliebten Inhalten auseinandersetzen. Nur die wenigsten Schüler würden wohl freiwillig ein Protokoll oder einen Bericht verfassen. Aber ein Unterricht, der sich permanent über die Interessen der Schüler hinwegsetzt, ist zum Scheitern verurteilt. Das Portfolio gibt den Schülern die Gelegenheit, den Inhalt ihres Lernens weitgehend selbst zu bestimmen, indem sie eine Frage klären, die sie wirklich interessiert. Nach der Besprechung der Ergebnisse teilte ich der Klasse mit, dass die neue Lernform ihnen die Wahl eines eigenen Themas ermöglichen würde.

Wer Schüler beim Stillarbeiten beobachtet, weiß, wie gern sie sich beim Lösen einer Aufgabe mit ihrem Banknachbarn besprechen. Allerdings sind viele Schüler auch darauf getrimmt, im Unterricht als **„Einzelkämpfer"** zu lernen, sodass ihnen die Möglichkeit, sich von ihren Mitschülern gezielt beraten zu lassen, gar nicht erst in den Sinn kommt. Unsere Umfrage brachte zu Tage, dass den meisten Lernen mehr Spaß macht , wenn sie mit anderen darüber sprechen können. Einige Schüler haben mir bei dieser Gelegenheit davon berichtet, dass sie regelmäßig Probleme bei den Hausaufgaben oder vor Klassenarbeiten am Telefon miteinander besprechen. Eine gute Gelegenheit, vorzuschlagen, solche Konferenzen auch mal ins Klassenzimmer zu verlegen. Ich erklärte den Schülern, dass gegenseitige Beratung ein wichtiges Merkmal der neuen Lernform sei. Sie erfuhren außerdem, dass auch das Problem der unterschiedlichen Lerntempi dadurch gelöst werden sollte. Diese neue Art des Lernens sollte ihnen erlauben, sich ihre Arbeitszeit selbst einzuteilen.

Die Schüler wussten jetzt also, dass dieses neue Lernen mit Portfolios einiges an **Veränderung** bedeuten würde:

▷ **Beratung durch Mitschüler,**

▷ **Arbeiten an einem selbstgewählten Thema,**

▷ **freie Einteilung der Arbeitszeit.**

Anschließend sollten sie sich zu zweit überlegen, wie dieses neue Lernen konkret aussehen könnte. Wie können sich Schüler überhaupt gegenseitig beraten? Wie teilt man seine Arbeitszeit ein, wo man doch gar nicht

weiß, wie lange man für eine Aufgabe brauchen wird? Wie ein geeignetes Thema finden, dass nicht zu schwer, aber auch interessant genug ist? Welche Probleme könnten entstehen, wenn jeder nach seinem eigenen Rhythmus arbeitet? Bei der anschließenden Diskussion im Plenum wurde deutlich, dass viele Schüler, die einiges am konventionellen Unterricht bemängelt hatten, auch etwas an den Prinzipien der neuen Lernform auszusetzen hatten. Einige zeigten sich vor allem der Peer-Beratung und der freien Themenwahl gegenüber skeptisch: „Mein Banknachbar weiß doch auch nicht mehr als ich" oder „Wenn jeder macht, was er will, lernt doch keiner etwas." lauteten ihre Bedenken. Um diese auszuräumen, ging es als Nächstes darum, die Klasse systematisch in den Ablauf der Portfolio-Arbeit einzuführen.

Damit die Schüler in der Einstiegsphase eine genaue Vorstellung davon erhalten, wie das Lernen mit dem Portfolio abläuft, wurde der **Ablauf der Portfolio-Arbeit** mittels einer Mindmap® gemeinsam an der Tafel entwickelt und dargestellt. Dabei kann der Lehrer von dem ausgehen, was die Schüler bis dato über die neue Lernform erfahren haben. Ein Beispiel für eine solche Mindmap® zeigt das Foto links. Sie stellt den groben Ablauf der Portfolio-Arbeit und ihre grundlegenden Prinzipien dar. Die einzelnen Äste der Mindmap® haben einige Schüler und ich an der Tafel notiert. Sie können sie auch auf bunte Kärtchen notieren und mit Magneten erst an der Fronttafel befestigen und dann, für den gesamten Verlauf der Einheit, an die Seitentafel hängen. Kennzeichnen Sie jeden neuen „Ast" durch farbige Kreide bzw. verwenden Sie Kärtchen in unterschiedlichen Farben. Auf diese Weise wird den Schülern die Gesamtstruktur eines Portfolios besser deutlich. Erste Fragen und Unklarheiten können direkt im Unterrichtsgespräch geklärt werden. Den Schülern sollte klar werden, dass bei diesem Lernen dem Arbeitsprozess besondere Bedeutung zukommt und dass

deshalb Reflexion und Beratung wichtige Bestandteile der Portfolio-Arbeit darstellen, die nicht zu Gunsten anderer Aufgaben vernachlässigt werden dürfen. Für die meisten ist vor allem die Reflexion über das eigene Tun ein völliges Novum.

Am Ende der Einführungsphase legen Schüler und Lehrer gemeinsam die für alle verbindlichen Kriterien der Portfolio-Arbeit fest. Dabei sollte der Lehrer allerdings bestimmte **Kategorien** vorgeben. Ich habe mich für die Kategorien „Inhalt" (Wie gut sind die Texte gelungen?), „Form" (Wie gut sind die Vorgaben erfüllt?), und „Lernfortschritt/Reflexion" (Wie sehr hat der Schüler sein Lernen verbessert? Wie sorgfältig hat er sein Vorgehen reflektiert?) entschieden, da sie die wichtigsten Kriterien für die Beurteilung eines

Portfolios zusammenfassen. Dabei können grundsätzlich ganz unterschiedliche Kriterien berücksichtigt werden, je nachdem welche didaktischen Ziele Sie mit der Portfolio-Einheit verbinden und welchen Portfolio-Typ Sie ausgewählt haben.

Nach der gemeinsamen Besprechung der einzelnen Bestandteile der Mindmap® sind die Schüler durchaus in der Lage dazu, selbst **Kriterien** zu formulieren und ihre Auswahl zu begründen. Dabei zeigt sich auch, ob die Schüler die grundlegenden Prinzipien der Portfolio-Arbeit verstanden haben. Wer weiß, worauf es bei Portfolio-Arbeit ankommt, kann sich auch erschließen, nach welchen Vorgaben sie beurteilt werden sollte.

Kriterienvereinbarung der Klasse 8 b für das Portfolio zum Thema „USA"

Allgemein:

▷ Die Pflichtaufgaben müssen von allen gelöst werden.

▷ Der für alle verbindliche Abgabetermin für den ersten Entwurf der Pflichtaufgaben ist der ...., der für den zweiten Entwurf der ....

▷ Das gesamte Portfolio muss am .... abgegeben werden.

▷ Das Portfolio umfasst mindestens 15 Seiten.

Inhaltliche Kriterien:

▷ Das Portfolio beantwortet deine Forscherfrage.

▷ Die Lösungen der Pflichtaufgaben entsprechen den Vorgaben in Inhalt und Form und sind sachlich richtig.

▷ Die Information in den fakultativen Arbeiten muss sachlich richtig sein und sich eindeutig auf die Forscherfrage beziehen.

▷ Bilder, Grafiken und Fotos setzt du sinnvoll ein, um deine Texte zu veranschaulichen.

Formale Kriterien:

▷ Das Deckblatt enthält folgende Informationen:
Name, Klasse, übergeordnetes Thema, Forscherfrage, Bearbeitungszeitraum.

▷ Es ist ansprechend gestaltet. Du kannst es mit dem Computer oder
per Hand erstellen.

▷ Alle Aufgaben- und Informationsblätter, die du erhältst,
legst du ordentlich im Portfolio-Ordner ab.

▷ Deine eigenen Blätter haben links und rechts einen Rand für Korrekturen.

▷ Du beachtest die Regeln der neuen deutschen Rechtschreibung und der Grammatik. Einzelne Texte dürfen nicht mehr als zehn Prozent an Fehlern aufweisen.

▷ Du schreibst sauber und gut lesbar.

▷ Alle von dir geschriebenen Texte sind mit Autorenhinweis versehen.
Fremdzitate hast du kenntlich gemacht.

Das Prinzip der Partizipation, der **Mitbestimmung**, ist grundlegend für Portfolio-Arbeit. Auch bei der Bestimmung der Kriterien, nach denen die Portfolio-Arbeit letztlich bewertet wird, müssen die Schüler mitreden dürfen. Vereinbarungen, die sie selbst mit getroffen haben, werden eher als verbindlich anerkannt und als motivierender empfunden als aufgezwungene Maßstäbe.

Um erst einmal möglichst viele Kriterien zu sammeln, habe ich das Schneeball-System angewandt. Die Schüler erhalten jeweils drei Kärtchen in verschiedenen Farben, die für die drei Beurteilungskategorien „Inhalt", „Form" und „Lernfortschritt/Reflexion" stehen. Jeder Schüler überlegt sich anschließend passende Kriterien, notiert sie auf der entsprechenden Karte und heftet sie anschließend an die Tafel – geordnet nach den drei Kategorien. Fehlen wichtige Kriterien, ergänzt sie der Lehrer in Absprache mit den Schülern, die zahlreichen Überschneidungen sortiert er aus. Jeder Schüler kommt anschließend nach vorne und markiert noch einmal die Kriterien, die ihm besonders wichtig erscheinen, indem er einen Kreidestrich daneben setzt. Dabei kann er aber nur vier Striche pro Kategorie vergeben. Die Kriterien mit den meisten Strichen sollten auf jeden Fall in die Liste mit aufgenommen werden. Durch diese Art der Abstimmung ergibt sich eine Auswahl von Kriterien, die anschließend einer der Schüler auf ein großes Plakat schreibt. Es wird im Klassenzimmer aufgehängt, sodass es während der Arbeit am Portfolio für alle sichtbar ist.

Die drei Kategorien sollten, ähnlich den Teilbereichen der Aufsatzbewertung, nicht zu gleichen Teilen gewichtet werden. Der inhaltliche Aspekt der Portfolio-Arbeit muss im Vordergrund stehen und wurde deshalb von mir besonders gewichtet. Ich legte eine **Gewichtung** von 3 : 1 : 2 (Inhalt : Form : Lernfortschritt/Reflexion) fest, womit die Schüler auch einverstanden waren. Nach der Einführungsphase teilt der Lehrer den so genannten Portfolio-Brief an die Schüler aus: dabei handelt es sich um einen Text in Briefform, der sich direkt an den einzelnen Schüler wendet (s. S. 83). Dieses Dokument, das die grundlegende Idee des Portfolios noch einmal zusammenfasst, soll ausdrücken, dass der Schüler im Mittelpunkt des Lernens steht. Weil ein Brief immer Teil einer schriftlichen Kommunikation ist, soll mit Hilfe des Portfolio-Briefs auch deutlich werden, dass Schüler und Lehrer ab sofort in einen Dialog über den nachfolgenden Lernprozess treten werden. Der Lerner soll erkennen, dass damit ein großes Stück Verantwortung für sein Lernen an ihn zurückgeht und dass er fachlich und persönlich davon profitiert, wenn er die Herausforderung annimmt.

▷ Gemeinsame Auswahl der Sozialform

Portfolio-Arbeit ist prinzipiell mit allen Sozialformen vereinbar: Einzel-, Partner- oder Gruppenarbeit. Da Partner- und Gruppenarbeit Kooperation und Erfahrungsaustausch ermöglichen, bieten sie sich für Portfolio-Arbeit besonders an. **Sozialer Austausch** ist eine Grundvoraussetzung für individuelles Lernen. Wer individuell für sich Thesen aufstellt, findet ihre Gültigkeit nur durch den Austausch mit anderen bestätigt, oder er verwirft sie wieder. Diese Annahme begründet die Beratungsgespräche mit Mitschülern, Eltern und Lehrern. Ich habe festgestellt, dass Portfolios, die von den Schülern überwiegend in **Einzelarbeit** angefertigt werden, keine dramatische Einschränkung des Beratungs- und Kooperationsprinzips bedeuten. Die Beratungssitzungen können Schüler so häufig durchführen, wie sie möchten. Auch bei der Informationsrecherche könnend sie zusammenarbeiten und sich unterstützen. Viele Schüler mögen es, sich allein mit einem Thema zu beschäftigen. Wenn jeder Schüler seine eigene Fragestellung bearbeitet, kann der Lehrer am besten individuelle Lernprozesse nachvollziehen und eine Leistungsdiagnose des Einzelnen erstellen. Nicht zuletzt wird damit auch die Bewertung der Mappen erleichtert. Bei Portfolios, die im Team erstellt wurden, ist es mitunter nicht immer ganz einfach, einzelne Leistungen oder Schwächen einem bestimmten Schüler zuzuordnen, und

eine individuelle Lernförderung wird erschwert.

Das Portfolio ist in der Lage, die positiven Aspekte von Einzel- und Partner- bzw. Gruppenarbeit in sich zu vereinen, auch wenn die Schüler überwiegend einzeln an ihrem Thema arbeiten.

Der Lehrer kann sich mit **Beratung und Förderung** auf den einzelnen Schüler konzentrieren, und gleichzeitig kann der Lerner zu jedem Zeitpunkt die Unterstützung und Beratung anderer einholen. Dadurch, dass jeder eine andere Fragestellung bearbeitet, kommt selten Konkurrenzdenken unter den Schülern auf. Die verpflichtenden Beratungsgespräche verhindern, dass Schüler zu Einzelkämpfern werden.

Ich habe meinen Schülern zunächst alle Möglichkeiten der sozialen Arbeitsformen bei Portfolio-Arbeit vorgestellt und sie anschließend darüber abstimmen lassen, ob sie in der Gruppe, zu zweit oder lieber einzeln arbeiten würden. Die Klasse entschied sich schließlich für Letzteres. Bei dieser Gelegenheit machten viele Schüler deutlich, dass sie Gruppenarbeit in der Vergangenheit immer als anstrengend empfanden. Die Kooperation und Abstimmung mit anderen, das Verwerfen der eigenen Idee zu Gunsten eines Kompromisses in der Gruppe ist eine Anforderung, der einige Schüler lieber aus dem Weg gehen wollten. Viele empfinden es auch frustrierend, wenn andere Gruppenmitglieder nicht das gleiche Engagement aufbringen wie sie selbst und glauben, allein mehr leisten zu können. All diese Einwände haben ihre Ursachen, doch sie sprechen nicht gegen Gruppenarbeit, sondern machen deutlich, dass sie eine sehr sorgfältige Planung und Organisation voraussetzt. Nur dann können die Schüler optimal von dieser Sozialform profitieren und die Zusammenarbeit mit anderen als Bereicherung empfinden. Das gilt auch für Portfolios, die die Schüler **im Team** erstellen: Die Gruppen mit vier Mitgliedern haben eine übergeordnete Forscherfrage zu bearbeiten. Die erste Aufgabe der Gruppe ist, diese Fragestellung in thematische Einzelaspekte aufzuteilen, sodass jedes Mitglied an einem Einzelthema arbeiten kann. In regelmäßig stattfindenden **Redaktionssitzungen**, die jedes Teammitglied mindestens einmal protokolliert, besprechen die Schüler den Verlauf ihrer einzelnen Arbeiten und koordinieren die nächsten Schritte. Innerhalb der Gruppe beraten sich außerdem jeweils zwei Gruppenmitglieder gegenseitig, d.h. es finden quasi Peer-Beratungen statt, deren Teilnehmer dabei ein gemeinsames Ziel vor Augen haben. Jedes Teammitglied reflektiert seinen eigenen Lernverlauf sowie seine Arbeit in der Gruppe. Alle Ergebnisse werden schließlich in einem gemeinsamen Gruppen-Portfolio zusammengeführt. Auch die anschließende Präsentation wird gemeinsam gestaltet und durchgeführt. Dadurch, dass die Schüler ihre einzelnen Leistungen kennzeichnen, wird die zentrale Zielsetzung von Portfolio-Arbeit – individuelle Förderung und Beurteilung – erreicht. Aus seinen Beobachtungen, den Protokollen der Teamsitzungen und dem Gruppen-Portfolio als Gesamtheit kann der Lehrer eine Gruppennote generieren, die er in einem bestimmten Verhältnis in die Bewertung des Einzelnen mit einfließen lässt.

Gleich, welche Sozialformen gewählt werden, ist es wichtig, dass alle Schüler ihre schriftlich angefertigten Arbeiten mit Verfasser- und Quellennachweis (s. S. 79) versehen. Dadurch wird für den Lehrer deutlich, wer Autor oder Autorin eines ganz bestimmten Textes ist.

▷ **Wichtige Materialien und Arbeitsmittel für die Portfolio-Arbeit**

Damit das Arbeiten am Portfolio reibungslos ablaufen kann, ist es wichtig, dass alle Schüler bestimmte Arbeitsmittel besitzen. Am einfachsten ist es, der Klasse in der Einführungsstunde eine **Material-Liste** zu geben. Am besten haben Sie selbst auch immer noch ein Set an Materialien dabei, um vergesslichen Schülern im Notfall auszuhelfen.

Einführung in das Thema „USA"

▷ **Ausstellung zum Thema**

Ich habe bislang zwei Varianten erprobt, die Portfolio-Einheit in einer Klasse einzuführen. Beim Thema „USA" bot es sich an, von der „Sache" auszugehen. Ich bereitete eine Ausstellung mit unterschiedlichsten Exponaten vor, die auf den ersten Blick in keinem Zusammenhang zueinander standen, tatsächlich aber die Bandbreite des Themas deutlich machten.

Sie umfasste Poster und Bilder mit Abbildungen amerikanischer Städte, Landschaften und Personen, eine „Stars and Stripes"-Flagge, amerikanische Münzen, einen indianischen „Traumfänger", einen American Football bis hin zu Musik-CDs amerikanischer

Künstler, einem Computer, Kunststoffbechern mit Werbung für amerikanische Lebensmittel, eine Landkarte, eine Tüte, mit der Kinder an Halloween Süßigkeiten sammeln, eine Freiheitsstatue aus Plastik, ein Gedicht von Walt Whitman, Comics von Walt Disney, Werbeanzeigen für Produkte amerikanischer Firmen usw. Beim Zusammenstellen dieser Gegenstände hatten mir Kollegen, die Englisch unterrichten, geholfen. Insgesamt stellte ich mehr Gegenstände aus, als Schüler in der Klasse waren. Diese sollten sich anschließend einen Gegenstand aussuchen, der sie besonders ansprach. Dann schrieb jeder Schüler für sein Exponat eine Ausstellungskarte, auf der er eine Frage dazu formulieren sollte. Ein Schüler suchte sich z.B. die amerikanische Flagge aus und stellte die Frage „Warum hat die Fahne der Vereinigten Staaten Sterne und Streifen?" Als Nächstes taten sich die Lerner mit zwei Mitschülern zusammen, die ebenfalls eine Frage zu dem Gegenstand formulierten. Die Fragen „Wie alt ist die Flagge der Vereinigten Staaten?" und „Welche Bedeutung haben die Streifen und Sterne auf der Flagge?" kamen auf diesem Weg zustande. Innerhalb dieser neuen Dreiergruppe gewann also jeder Schüler zwei weitere Fragen zu seinem Gegenstand dazu. Anschließend überlegten sich die Schüler in einem gemeinsamen Gespräch mögliche Antworten auf ihre Fragen. In dem oben genannten Fall aktivierten die Schüler dabei ihr Vorwissen aus dem Englischunterricht. Ein wichtiges Ergebnis dieses Austausches war auch, dass die Schüler feststellten, dass zwei ihrer Fragen auf dieselbe Antwort abzielten. Das Formulieren einer Fragestellung ist eine Aufgabe, die viele Schüler oft unterschätzen. Diese Fähigkeit brauchen sie aber später, um ihre **Forscherfrage** zu formulieren und zu begründen.

Eine zweite Möglichkeit auf die thematische Ausrichtung der Portfolio-Einheit hinzuführen, ist die, den Schülern durch Bilder oder Grafiken thematische Impulse zu liefern.

Vorrausetzung für dieses Verfahren ist jedoch, dass die Schüler bereits mit der Erstellung von Clustern und Mindmaps® vertraut sind. Den Schülern wird eine PowerPoint-Präsentation von Fotos, Cartoons und Abbildungen gezeigt, die alle in irgendeiner Weise mit dem Thema USA zusammenhängen (Fotos von ehemaligen Präsidenten und anderen Politikern, Indianern, von Skylines amerikanischer Großstädte, Musikgruppen, Landschaftsaufnahmen, aber auch Porträtfotos von Amerikanern, die nicht in der Öffentlichkeit stehen). Nachdem die Schüler den Zusammenhang zwischen den Bildern hergestellt haben, verteilt der Lehrer sie als farbige Ausdrucke auf den Tischen. Die Schüler sollen davon das auswählen, das sie am meisten anspricht. Im Stuhlkreis stellen sie ihre Auswahl anschließend vor. Sie teilen den anderen mit, warum sie sich für ein bestimmtes Bild entschieden haben und welche Gedanken und Fragen sie damit verbinden. Ihre ersten **Ideen** notieren sie in Form von Begriffen auf Kärtchen. Auf diese Weise entsteht ein Pool von unterschiedlichsten Ideen zum Thema „USA".

In der Mitte eines Plakats oder großen Zeichenblockblatts ordnet schließlich jeder Schüler seine Kärtchen so an, dass sie bereits eine gewisse Ordnung oder einen bestimmten Zusammenhang aufweisen. Um jeden dieser Grundbegriffe zeichnet er anschließend weitere Begriffe, die ihm spontan dazu einfallen und in irgendeinem Zusammenhang mit dem Ausgangsbegriff stehen. Ein **Cluster** entsteht. Auf diese Weise werden die verschiedenen Perspektiven, unter denen die Schüler den Begriff betrachten können, deutlicher, ohne dass sie bereits einen Systematik herstellen müssen. Anschließend untersuchen die Schüler ihre Begriffssammlung und ver-

suchen, eine Frage daraus abzuleiten. Diese Frage wird notiert und auf ein Kärtchen geschrieben. Schließlich sammelt der Lehrer alle Kärtchen ein und liest ein paar Fragen vor. Er fragt die Schüler, wie viel Zeit und Arbeit sie wohl investieren müssten, um diese Fragen zu beantworten, damit sie erkennen, dass es unterschiedlich komplexe Fragestellungen gibt.

Die Schüler erfahren anschließend alles, was sie über die Forscherfrage wissen müssen. Daraufhin kann der Lehrer zusammen mit der Klasse im Unterrichtsgespräch klären, ob die genannten Fragen tatsächlich einen ergiebigen Forschungsauftrag darstellen. Falls nicht, werden sie gemeinsam so umformuliert, dass sie den Vorgaben entsprechen.

Jugend forscht: Die Forscherfrage

Die Forscherfrage muss so **komplex bzw. ergiebig** sein, dass sie ein mehrwöchiges Arbeiten ermöglicht und in engem Zusammenhang mit dem übergeordneten Thema steht.

Die oben genannte Frage „Warum hat die amerikanische Flagge Streifen und Sterne?" hat ein Schüler, der die Grundlagen der Recherche im Internet beherrscht, in weniger als fünf Minuten beantwortet. Diese Frage könnte jedoch folgendermaßen erweitert werden: „Welche Entwicklung hat die Gestalt der amerikanischen Flagge durchlaufen, und welche geschichtlichen Ereignisse stehen hinter ihrer Entstehung?"

Damit thematisiert der Schüler einerseits die Symbolik der amerikanischen Flagge (dreizehn Streifen stehen für die dreizehn Gründungsstaaten) sowie die Entwicklung der USA zu einer unabhängigen und vereinten Nation (50 Sterne repräsentieren die Bundesstaaten). Sie muss so **einzugrenzen** sein, dass sie das Leistungsvermögen des Schülers nicht überschreitet. Sehr wahrscheinlich brauchen einige Schüler hier den Rat des Lehrers, weil es ihnen schwerfällt, die „Reichweite" ihrer Fragestellung abzuschätzen. Ob die Fragestellung den richtigen Grad an Komplexität aufweist, kann aber letztlich nur der Lehrer entscheiden.

Die Schüler wissen jetzt, dass die Forscherfrage die Grundlage für ein „Forschungsprojekt" bildet, an dem sie vier bis sechs Wochen lang weitgehend selbstständig arbeiten werden. Vor diesem Hintergrund sollen die Schüler aus ihrem Cluster eine Mindmap® machen. Dazu schreiben sie einen Begriff, der sich als besonders ergiebig an Assoziationen erwiesen hat, in die Mitte eines neuen Blattes. Die unterschiedlichen Aspekte des

Themas werden deutlich, indem die Schüler ihn in weitere **Teilbereiche unterteilen** und diese wiederum untergliedern. Sie besprechen ihre Mindmap® mit ihrem Partner, und anschließend sammelt der Lehrer sie ein. Auch, wenn es etwas aufwendig ist, 33 Mindmaps® zu begutachten – dadurch erhalten Sie den notwendigen Überblick über die mögliche Themenvielfalt der Portfolios.

▶ Die Infoplakat-Methode

Eine weitere Möglichkeit, auf das Thema der Portfolio-Einheit hinzuführen, stellt die Infoplakat-Methode dar. Schreiben Sie einen Begriff oder einen kurzen Satz auf ein Plakat, in diesem Fall z.B. nur „USA". Die Schüler sind in den folgenden Tagen aufgefordert, alles, was ihnen zu dem Thema einfällt oder was sie an Informationen (z.B. Zeitungsartikel, Buchtexte, Zitate, Bilder usw.) finden, auf das Plakat aufzukleben oder zu schreiben. So entsteht nach und nach eine Art **informative Collage** mit Bildern und Texten, die die unterschiedlichsten Assoziationen auslösen soll. Nachdem die Schüler sich das fertige Plakat genau angesehen haben, versuchen sie, eine Forscherfrage zu formulieren.

Hier ein paar Beispiele für Fragen, die die Schüler bei der Portfolio-Einheit zum Thema „USA" formulierten: „Wie lebten die Indianer Nordamerikas im 18. Jahrhundert wirklich?", „Wie liefen die Auseinandersetzungen zwischen Indianern und weißen Siedlern ab, und welche Stämme haben sie nicht überlebt?", „Auf welche Weise wurden Afroamerikaner in den USA der 1950er und 1970er diskriminiert?" oder „Welche Bedeutung hat HipHop für schwarze Jugendliche in amerikanischen Großstädten?".

Die Forscherfragen der einzelnen Schüler dürfen sich natürlich nicht inhaltlich überschneiden. Falls es vorkommt, dass sich in diesem Fall zwei Schüler nicht von ihrer Frage trennen möchten, ist Ihr diplomatisches Geschick gefragt. Sehr wahrscheinlich ist es möglich, die Fragestellung in zwei einzelne Bereiche zu teilen.

▶ Die Portfolio-Mappe strukturieren

Nachdem sich die Schüler für ein Thema entschieden und diese mit dem Lehrer abgesprochen haben, erhalten sie die so genannten **Formblätter** (s. Anhang). Sie enthalten noch einmal wichtige Informationen und helfen den Schülern, ihr Portfolio und ihren Arbeitsprozess zu strukturieren und zu dokumentieren. Haben die Schüler später mehr Erfahrungen im Umgang mit Portfolios, sind weniger Vorgaben und Hilfestellungen notwendig.

Das **„mitwachsende" Inhaltsverzeichnis** ist ein Verzeichnis der im Portfolio enthaltenen Arbeiten und Formblätter, das sich laufend verändert (s. S. 85). Mit ihm hält der Schüler schriftlich fest, was er in seine Mappe abgelegt hat. Das Inhaltsverzeichnis spiegelt den Arbeitsprozess des Schülers, da er darin notiert, welche Arbeiten er in sein Portfolio aufgenommen und welche er wieder aussortiert hat. So strukturiert es die einzelnen Abschnitte des Portfolios von der Forscherfrage bis hin zum abschließenden Portfolio-Brief des Schülers. Ein besonders wichtiges Formblatt ist der Portfolio-Planer: Darin tragen die Lerner ihre Arbeitsplanung ein und vermerken, welche Aufgaben sie bereits gelöst haben.

Weitere Formblätter sind z.B.:

▷ das Informationsblatt für das Schüler-Eltern-Lehrer-Gespräch: Es erläutert dem Schüler die Zielsetzung und den grundlegenden Ablauf des Beratungsgespräches (s. S. 88).

▷ die Checkliste für das Schüler-Eltern-Lehrer-Gespräch: Es gibt den Eltern eine Übersicht von Kriterien, damit sie die Vorstellung des Portfolios durch den Schüler beurteilen können (s. S. 89).

▷ das Arbeitsblatt zur Selbstbeurteilung der sozialen Kompetenzen (s. S. 82)

▷ das Arbeitsblatt zur Selbsteinschätzung der eigenen Arbeiten (s. S. 91/92)

▷ das Informationsblatt zur Erstellung des Portfolio-Briefes (s. S. 96)

▷ das Informationsblatt zur Erstellung des Abschlusslernberichtes (s. S. 95)

Farbige Register oder Manuale in verschiedenen Varianten machen das Portfolio übersichtlicher. Seitenzahl und Datumsangabe auf jedem Blatt helfen bei einer schnellen Orientierung. Bei der Wahl des Portfolio-„Containers" sollten die Schüler darauf achten, dass die einzelnen Blätter leicht herausgenommen und wieder abgelegt werden können. Anfangs reicht ein Schnellhefter oder ein kleiner Ordner aus.

Texte, an denen gearbeitet wird, werden am besten in einer Klarsichthülle aufbewahrt, so sind sie geschützt und immer sofort griffbereit. Vielen Schülern macht das Bemalen und Bekleben ihres Ordners großen Spaß. Viele erstellten sogar aufwendige Deckblätter am Computer. Ich habe mich dafür entschieden (auch wenn es nicht explizit zu den im Fach Deutsch gefragten Lernzielen gehört), auch eine ansprechende Gestaltung in die Bewertung mit einfließen zu lassen, da sie als Beleg für Engagement und Identifikation des Schülers mit seiner Arbeit interpretiert werden kann. Natürlich durften aber Schüler mit weniger gestalterischem Talent deshalb keinen Nachteil haben. Das heißt, ich achtete hier weniger auf die künstlerische Qualität der Arbeit als auf Originalität und Sorgfalt.

Werden größere Arbeiten, wie Collagen, selbst gedrehte Videos, Plakate oder Ähnliches, abgegeben, sollten die Schüler entsprechende Hüllen o. Ä. mitgeben. Am Ende der Arbeitsphase kann das Portfolio dann in einem Ordner, einer Sammel- oder Klemmmappe abgegeben werden.

Soziales Lernen

„Es ermöglicht uns, eigene Lernwege zu gehen und dabei kooperativ arbeiten zu können," lautete das Fazit einer Kollegin, nachdem sie zum ersten Mal in einer Klasse mit Portfolios gearbeitet hatte. Das heißt, dass die Leistungsmappen die Möglichkeit bieten, das Lernen so zu gestalten, dass jeder Schüler einzeln und als Mitglied einer Gruppe davon profitiert.

Das Lernen und Arbeiten mit den Portfolios ist zwar auf selbstständiges Arbeiten ausgerichtet, fördert aber auch das soziale Lernen der Schüler, durch **Peer-Beratung**, **Lernen in Tandems** oder in **Gruppen**. Der Lehrer kann viele Entscheidungen – von der Informationssuche bis hin zur Methodenwahl – an den Lernenden abgeben. Er unterstützt das interessenbezogene Lernen seiner Schüler durch seine Beratung, ohne einen direkten Vermittlungsprozess leiten und ohne die Ergebnisse des Arbeitens von Stunde zu Stunde kontrollieren zu müssen.

Neben der Erarbeitung bestimmter Lerninhalte und dem Erwerb methodischer Kompetenzen, ist die Weiterentwicklung der sozialen Kompetenzen der Schüler ein wichtiges Ziel von Portfolio-Arbeit. In den Beratungsgesprächen mit Mitschülern, Lehrern und Eltern bilden die Lerner ihre Kooperationsfähigkeit, Gesprächsführungs- und Kritikfähigkeit weiter aus. Ein eigenes Arbeitsblatt unterstützt die Schüler dabei, sich ihrer sozialen Kompetenz bewusst zu werden (s. S. 82). Ihre Selbsteinschätzung tragen sie jede Woche auf dem Blatt ein. **Kommunikationsfähigkeit**, **Selbstbewusstsein**, **Selbstständigkeit**, **Hilfsbereitschaft**, **Kritikfähigkeit** und **Ausdauer** sind die sozialen Kompetenzen, die bei der Portfolio-Arbeit besonders gefördert werden. Durch sie können die Schüler nicht nur besser zusammenarbeiten, sondern sich als Person weiterentwickeln. Bei Gruppen-Portfolios kann der Reflexionsbogen zur Sozialkompetenz auch für eine Rückmeldung innerhalb des Teams eingesetzt werden. Jedes Gruppenmitglied meldet damit dann einem anderen seine Einschätzungen von dessen Sozialkompetenzen zurück. Was im konventionellen Unterricht aus Zeitgründen oft gar nicht

möglich ist, wird durch das selbstständige Arbeiten der Schüler mit dem Portfolio erleichtert: Der Lehrer hat die Zeit und die Gelegenheit, die Schüler bei ihrer Arbeit mit anderen zu **beobachten** und ihre **sozialen Kompetenzen** zu **beurteilen**. Teilen Sie das Ergebnis Ihrer Beobachtungen dem Schüler im Abschluss-Feedback – mündlich oder schriftlich – mit.

Kritikfähigkeit

Dieser Begriff wird in der pädagogischen bzw. psychologischen Literatur nicht eindeutig definiert. Ich gehe hier von der verbreiteten Definition aus, die unter Kritikfähigkeit **folgende Fähigkeiten** zusammenfasst:

▷ die Fähigkeit, Kritik anzunehmen und konstruktiv damit umzugehen

▷ die Fähigkeit, an anderen Kritik sachkundig und objektiv zu üben, ohne zu verletzen

▷ die Fähigkeit, sich selbst zu kritisieren, d.h. eigene Schwächen und Fehler zu erkennen und verbal ausdrücken zu können

■ Selbstständiges Lernen

Die Förderung des selbstständigen Lernens ist eines der zentralen Ziele des Portfolio-Konzeptes. Schüler sollen lernen, sich ohne fremde Hilfe wichtige Informationen zu beschaffen und in anwendbares Wissen zu verwandeln. Das Konzept selbstständigen bzw. selbstgesteuerten Lernens hat in den letzten Jahren durch die veränderte Lebenswelt der Schüler immer mehr an Bedeutung für die Schule gewonnen.

Unter dem Stichwort **„lebenslanges Lernen"** versammeln sich verschiedene didaktische Ansätze, die gemeinsam voraussetzen: In unserer heutigen Gesellschaft hört das Lernen auch nach der Schule nicht auf.

Die Arbeitswelt und der technische Fortschritt stellen den Anspruch an uns, immer wieder neu zu lernen oder bereits vorhandenes Wissen zu verändern.

Eine Auseinandersetzung der Schüler mit dieser Thematik halte ich allerdings nicht für sinnvoll. Selbststeuerung als Voraussetzung für den erfolgreichen Wissenserwerb ist für Schüler der 8. Jahrgangsstufe ein zu komplexes Thema. Falls ihre Schüler nachfragen, „warum" sie das alles „allein" tun sollen (manche unterstellen dem Lehrer auch – halb scherzhaft, halb im Ernst – mangelnde Arbeitsbereitschaft), können Sie ja eine kurze Erklärung nachliefern. Den meisten Schülern leuchtet es durchaus ein, dass ihnen die Fähigkeit, selbstständig zu lernen, nützlich sein kann. Sie begreifen außerdem oft schon bei der Besprechung der Mindmap® in der Einführungsphase, dass genau das selbstständige Arbeiten große Anforderungen an sie stellt. Die meisten meiner Schüler gaben am Ende der Portfolio-Einheit an, diese Eigenverantwortung und das Aufbringen von Eigeninitiative anfangs als anstrengend und mühsam empfunden zu haben. Später erkannten sie auch die Vorteile, die ein solches Lernen und Arbeiten mit sich bringt. Viele gaben an, durch die Selbststeuerung ihrer Arbeit selbstbewusster und selbstständiger geworden zu sein und das positive Klima in der Klasse während des Arbeitens genossen zu haben. Vor allem leistungsschwächere Schüler gewinnen meiner Ansicht nach an Vertrauen in ihre eigene Leistungsfähigkeit hinzu und entdecken ihre Selbstwirksamkeit durch neue Wege des Lernens.

▶ **Mögliche Portfolio-Produkte der Lernenden**

Der Inhalt eines fertigen Portfolios setzt sich zusammen aus den **Form- bzw. Informationsblättern**, den **fakultativen Arbeiten** sowie den **Ergebnissen der Pflichtaufgaben**. Was die fakultativen Arbeiten betrifft, können die Schüler dem Sammelordner die unterschiedlichsten Dinge beilegen – vorausgesetzt, sie passen zum Thema und der Forscherfrage. Meine Schüler wurden beim Thema „USA" sehr kreativ: Ein Schüler zeichnete z.B. einen Comic über Indianer. Ein anderer verfasste ein Rollenspiel, das von der ersten Begegnung eines Indianers mit einem weißen Siedler handelt. Ein weiterer Schüler entwarf ein Spiel nach dem Vorbild von Monopoly, dessen inhaltliche Grundlage der Ausverkauf

des Indianerlandes war. Ein Schüler hatte die Idee, per E-Mail Kontakt zu einem Indianer aufzunehmen, was ihm aus Zeitgründen aber dann doch nicht gelang. Eine Schülerin verfasste eine Bauanleitung für ein Tipi.

Grundlegend für das Portfolio ist, dass der Lehrer den Schüler bei seiner Entscheidung, welche seiner Produkte er in die Mappe aufnimmt, nicht beeinflusst. Ich musste allerdings manchmal den Fragen der Schüler ausweichen, die mich baten, ihnen bei der Auswahl zu helfen. Dabei merkte ich schnell, dass sie in erster Linie versuchten, herauszufinden, was ich für die beste ihrer Arbeiten hielt. Schließlich gelang es mir aber, ihnen klarzumachen, dass es beim Portfolio nicht darum geht, den Favoriten des Lehrers zu erraten, sondern darum, eine **eigene Entscheidung** zu treffen und sie schlüssig zu begründen. Für den Lernfortschritt des einzelnen Schülers spielt die eigenständige Auswahl seiner Arbeiten eine wichtige Rolle. Wenn er seine besten Arbeitsergebnisse für die Portfolios selbst aussuchen kann, gibt ihm das Selbstvertrauen und Vertrauen in die eigene Urteilskraft.

Schüler beraten Schüler

Der Lehrer steht dem Schüler während der ganzen Portfolio-Arbeit als Berater zur Seite. Auch die Eltern unterstützen ihr Kind durch die Lehrer-Eltern-Schüler-Gespräche.

Der wichtigste Teil der Beratung findet aber während der Portfolio-Einheit nicht zwischen Lehrer und Schüler, sondern zwischen den Lernern selbst statt. Kritik, die von Gleichaltrigen (**„Peers"**) geäußert wird, nehmen Schüler oft viel besser und konstruktiver auf, als wenn sie wieder einmal von einem Erwachsenen kommt. Die Schüler selbst sollen also ihrem Mitschüler eine fundierte Rückmeldung über das Portfolio geben und ihn bei Problemen in seinem Lernprozess beraten. Diese Fähigkeit ist nicht bei allen Schülern gleich ausgeprägt und muss geübt werden. Eine gute Möglichkeit ist es, schon vorab im konventionellen Unterricht **Schreibkonferenzen** als Vorbereitung durchzuführen. Das Verfahren der Schreibkonferenz „(Be-) Schreibe, was dir gefällt, was dir auffällt, was dich stört und welche Tipps du deinem Partner geben kannst", kann grundsätzlich auch für die Beratungsgespräche gelten – nur, dass hier natürlich nicht geschrieben, sondern gesprochen wird! Wichtig ist es also, dass die Schüler ihrer Wertung eine Beschreibung des Gesehenen, Gehörten und Gelesenen vorausschicken und ihren persönlichen Eindruck, den sie von der Arbeit haben, schildern. Dann können sie zu Inhalt und Arbeitsmethoden ihres Partners Stellung nehmen. Wenn beiden Seiten klar ist, an welchen Kriterien sich die Kritik orientiert, kann sie leichter angenommen werden.

Bevor die Schüler mit der Arbeitsphase beginnen, erhalten sie schon eine Fülle von Informationen zum Portfolio. Damit diese ihr Aufnahmevermögen nicht übersteigt oder sie gar entmutigt, genügt es, wenn Sie nach den ersten Arbeitsstunden den **Ablauf der Peer-Beratung** kurz erklären. Schaffen Sie einen besonderen Ort für die Beratung.

Sie können ein Plakat mit „Beratungsraum" beschriften und in einer Ecke im Klassenzimmer aufhängen. Darunter stellen Sie zwei Stühle, oder besser noch zwei bequeme Sessel, und schon haben Sie einen Ort geschaffen, wo sich die Schüler für eine Peer-Beratung treffen können. Die Schüler sollen sich selbstständig für solche Beratungen verabreden. Auch das gehört zur Entwicklung ihrer Selbstständigkeit dazu. Sie müssen einen Termin vereinbaren und sicherstellen, dass der „Korrektor" auch genug Zeit hat, das Portfolio vorher durchzusehen. Mindestens eine Beratung durch einen Mitschüler ist Pflicht. Meiner Erfahrung nach freuen sich Schüler über die Möglichkeit, ihren Partner beraten zu dürfen. Probleme gibt es nur dann, wenn die Beratungssituation nicht funktioniert, was oft auf mangelnde gegenseitige Sympathie der beteiligten Schüler zurückzuführen ist. Deshalb sollten sich die Schüler auch selbst aussuchen dürfen, von wem sie sich beraten lassen. Es macht meiner Erfahrung nach keinen Sinn, Schüler, die sich nicht „riechen können" zu einem Beratungsgespräch zu zwingen. Zu einer erfolgreichen Beratung gehören ein gewisses Vertrauen in den anderen und die Bereitschaft, Verbesserungsvorschläge anzunehmen. Falls die Beratungssituation „kippt", müssen Sie eingreifen, die Ursachen klären und die Schüler beim folgenden Gespräch begleiten. Ist eine Zusammenarbeit in ganz seltenen Fällen überhaupt nicht möglich, beenden sie die Beratung, lösen den Konflikt und stellen den Schülern jeweils neue Partner zur Seite.

Einbindung der Eltern

Die Information der Eltern spielt bei Portfolio-Arbeit eine wichtige Rolle. Vielen von ihnen ist diese neue Lehr- und Lernform noch unbekannt. Manche Eltern fragen besorgt nach, wie gut ihre Kinder mit den Anforderungen zurechtkommen und wie ihre Arbeiten bewertet werden. Lernen mit Portfolios unterscheidet sich deutlich von dem Lernen, das sie aus ihrer eigenen Schulzeit kennen, und gleichzeitig zielt es darauf ab, Mütter und Väter in den Lernprozess einzubinden. Deshalb müssen die Eltern vor Beginn der Unterrichtseinheit darüber informiert werden. Eine gute Möglichkeit dazu ist ein einfacher **Informationsbrief**. Darin wird der Ablauf der Portfolio-Arbeit dargestellt und ihre Durchführung didaktisch begründet.

In der halbjährlich durchgeführten **Klassenpflegschaftssitzung** kann der Lehrer dann genauer über die neue Lernform informieren. Die Durchführung eines Elternabends nur zum Thema Portfolio kann die Bedeutung der neuen Lernform und die Rolle, die die Eltern als Lernpartner ihrer Kinder dabei einnehmen können, noch genauer darstellen. Ich fordere die Eltern bei dieser Gelegenheit auch dazu auf, Fragen zu stellen und Kritik zu äußern, damit zumindest zu einigen ein Dialog über die Portfolio-Arbeit angebahnt werden kann. Solch einen Abend könnten Sie folgendermaßen gestalten:

▷ Einführung in die Portfolio-Arbeit, z.B. mit Hilfe einer Mindmap®,

▷ „Wie sieht ein Portfolio eigentlich aus?" – Vorstellung einiger Schüler-Portfolios,

▷ Besprechung der vereinbarten Kriterien und der Bewertung,

▷ „Wie können Sie als Eltern die Portfolio-Arbeit ihrer Kinder unterstützen?",

▷ Abstimmung des Termins für die Lehrer-Schüler-Eltern-Gespräche.

Viele Eltern sind unsicher und wissen nicht, wie sie ihr Kind bei der Arbeit am Portfolio unterstützen sollen. Sie halten sich für nicht „kompetent" genug, weil ihre Schulzeit oft schon Jahrzehnte zurückliegt. Vor allem bei Eltern, die keine akademische Ausbildung haben, stelle ich oft eine große Zurückhaltung fest. Ich mache ihnen deshalb deutlich, dass auch sie in der Lage sind, ihrem Sohn oder ihrer Tochter bei der Arbeit mit dem Portfolio zu helfen. Auch wenn ihnen Fachwissen fehlt, so können sie doch überprüfen, ob ihr Kind sorgfältig arbeitet, ob es mit seiner zeitlichen Planung zurecht kommt und ob es die Inhalte, die es sich erarbeitet, auch wirklich verstanden hat. Wenn der Sohn nämlich seine Arbeiten und sein Vorgehen den Eltern, die kein Vorwissen besitzen, mit eigenen Worten zu Hause erklärt, reflektiert er selbst noch mal sein Wissen und den momentanen Stand seiner Arbeit. Nicht zuletzt verbindet sich mit der Portfolio-Idee in ihrer ursprünglichen Form auch das Prinzip, dass die Inhalte der Sammelmappe für einen Leser, z.B. Eltern, Verwandte oder Freunde, verständlich und nachvollziehbar sein sollten.

Sprechen Sie den Erziehungsberechtigten also Mut zu. Stärken Sie sie in ihrer **Berater-Kompetenz**, indem Sie ihnen erklären, wie

---

Checklisten und Kopiervorlagen

◯ Der Elternbrief

Liebe Eltern!

In diesem Halbjahr möchte ich in der Klasse _____ das **Lernen und Arbeiten mit Portfolios** einführen. Ein Portfolio ist eine Sammlung der besten Arbeiten eines Schülers, die er selbst ausgewählt hat. Anhand dieser Produkte lassen sich die Stärken und Schwächen, vor allem aber die Lernfortschritte des Schülers ablesen. Das Besondere an der Arbeit mit Portfolios ist, dass die Schüler hier sehr **selbstständig** arbeiten und an der **Organisation des Unterrichts** sowie an der **Beurteilung** ihrer Leistungen beteiligt sind.

Ausgangspunkt der Portfolio-Arbeit ist eine **Forscherfrage**. Ihr Kind formuliert innerhalb des Themas

_____

eine bestimmte Fragestellung. Das Portfolio soll nach einer **Arbeitszeit** von vier bis sechs Wochen schließlich eine umfassende Antwort auf diese Frage liefern. Konkret bedeutet das, dass Ihr Sohn/Ihre Tochter im Laufe der Unterrichteinheit ...

▷ gezielt Texte für das Portfolio auswählen wird und zu einer gegliederten Materialsammlung zusammenstellen wird

▷ verschiedene Texte und sonstige Arbeiten zum Thema

_____

erstellen wird

▷ den eigenen Lern- und Arbeitsprozess bewusst verfolgen und beschreiben wird
▷ Mitschüler in Bezug auf deren Arbeiten beraten wird

Dadurch lernen die Jugendlichen, Entscheidungen zu treffen, ihr Lernen selbstständig zu organisieren und durchzuführen, sich Ziele zu setzen und ihre eigene Leistung einzuschätzen.

Das Portfolio als neue Lernform werde ich noch genauer an einem **Informationsabend** vorstellen, zu dem ich Sie hiermit herzlich einladen möchte.

Wir, die Klasse _____
würden uns freuen, Sie _____ und ich,

am _____

um _____ Uhr

in Raum _____

begrüßen zu dürfen.

Wenn Sie noch Fragen haben, wenden Sie sich bitte jederzeit an mich.

(Tel. _____)

Mit freundlichen Grüßen

_____
(Unterschrift des Lehrers)

Die Informationen zur Portfolio-Arbeit in der Klasse meiner Tochter/ meines Sohnes _____ und die Einladung zum Informationsabend habe ich zur Kenntnis genommen.

_____
um, Unterschrift des Erziehungsberechtigten)

© Verlag an der Ruhr · Postfach 10 22 51 · 45422 Mülheim an der Ruhr · www.verlagruhr.de · ISBN 978-3-8346-0162-0

Das **Portfolio-Konzept** in der Sekundarstufe

---

das Beratungsgespräch ablaufen wird (vgl. S. 88–90) und welche Vorteile damit verbunden sind. Machen Sie ihnen vor allem deutlich, dass ein großer Vorteil für die Beratungen zwischen Eltern, Schüler und Lehrer spricht: Normalerweise erfahren die Erziehungsberechtigten nur das Endergebnis der Lernbemühungen ihrer Kinder. Sie unterschreiben die Klassenarbeiten und besprechen sie im Idealfall auch mit ihrer Tochter oder ihrem Sohn. Damit ist allerdings die Auseinandersetzung der Eltern mit dieser Leistung ihres Kindes meist beendet. Es findet keinerlei Austausch mehr darüber statt, warum der Schüler diese Note erhalten hat und in welchen Bereichen er noch üben muss.

Das Beratungsgespräch bietet den Eltern die Gelegenheit, anhand einer konkreten Leistung bestimmte **Beurteilungsmaßstäbe** kennenzulernen, den Leistungsstand ihres Kindes im Vergleich dazu erläutert zu bekommen und die Einschätzung des Lehrers kritisch zu hinterfragen. Im Rahmen der Portfolio-Arbeit sollte mindestens einmal ein Beratungsgespräch zwischen Schülern, Eltern und Lehrer stattfinden.

Damit die Zeit berufstätiger Eltern dafür möglichst wenig beansprucht wird, habe ich den Eltern angeboten, auf Wunsch die Eltern-Lehrer-Schüler-Beratungen im Rahmen eines Elternsprechtags abzuhalten. Doch selbst dann konnte nur ein Teil der Erziehungsberechtigten anwesend sein. Einen Ersatztermin zu finden, war oft sehr aufwendig und gelang bei einigen wenigen Schülern gar nicht.

Eltern legen bei den Beratungsgesprächen oft eigene Kriterien zu Grunde, ohne sie begründen zu können. Dies geschieht häufig, wenn sie nicht auf das Gespräch vorbereitet sind. Einige missverstehen auch den Sinn und Zweck des Gespräches und glauben, die Leistungen ihres Kindes vor Fehleinschätzung durch den Lehrer verteidigen zu müssen: „Mein Sohn hat sich aber so viel Mühe gegeben, und zu Hause konnte er es viel besser." Machen Sie vor dem Gespräch deutlich, dass es sich dabei um eine Beratung und Einschätzung des Schülers handelt. Es geht nicht darum, ein abschließendes Urteil über ihn zu fällen. Häufig entspannt sich dann der Dialog erheblich, und die Eltern können sich leichter in ihre Rolle als Berater einfinden.

Natürlich begegnete mir beim Informationsabend und bei Beratungsgesprächen auch **Kritik** von Seiten der Eltern. Vor allem die Bewertung des Portfolios nach anderen Maßstäben, als die auf Klassenarbeiten angewandten, ist ein oft genannter Kritikpunkt. Spätestens am Ende der Portfolio-Arbeit waren diese Bedenken aber meist entkräftet. Einige Eltern befürchten auch eine Überforderung der Schüler, vor allem durch das scheinbar „unangeleitete", selbstständige Arbeiten. Wenn ich diesen Eltern meine Planungen, das Beratungssystem und meine Rolle als Lernberater erklärte, verschwanden diese Bedenken meist.

Beim Portfolio zum Thema „USA" band ich also die Eltern auf zwei Ebenen ein: Auf der informativen Ebene durch **Elternbrief** (s. S. 84) **und Informationsabend**. Damit waren die Eltern ausreichend informiert über die Arbeit in der Klasse.

Auf einer zweiten Ebene versuchte ich, die Erziehungsberechtigten durch das **Eltern-Schüler-Lehrer-Gespräch** in der Schule und die Beratung zu Hause in die Portfolio-Arbeit einzubinden. Letzteres gelang nicht immer. Zu einigen Eltern, vor allem zu berufstätigen und Eltern mit schlechten Deutschkenntnissen, ließ sich nur ein sehr spärlicher Kontakt herstellen. Die Unterstützung der Schüler durch ihre Eltern zu Hause klappte jedoch den Aussagen aller Beteiligten nach gut. Einer mündlichen Umfrage in der Klasse zufolge gaben gut drei Viertel aller Eltern ihren Kindern eine Rückmeldung zu ihrem Portfolio.

Nachdenken über die eigene Arbeit: Reflexion und Selbstbeurteilung

Damit das Lernen und Arbeiten mit Portfolios hohen Ansprüchen gerecht werden kann, müssen die Schüler zur Selbstreflexion fähig sein. Jeder einzelne von ihnen soll sich im Nachhinein darüber, was und wie er gelernt hat, Gedanken machen. Diese Fähigkeit ist die Voraussetzung dafür, dass die Schüler ihr Lernen irgendwann selbstständig planen und durchführen können. Nur wer sich seines Lernens bewusst ist, die **Bedingungen für erfolgreiches Lernen** bei sich selbst kennt und weiß, wie er Probleme dabei meistern kann, kann sein Lernen selbst in die Hand nehmen. Selbstreflexion ist aber nicht unbedingt etwas, was Schüler seit der 1. Klasse einüben – im Gegenteil: Jahrzehntelang wurde unter schulischer Leistung ein Produkt, eine fertige Arbeit verstanden, nicht aber auch ihr Entstehungsprozess. Selbstreflexion über das eigene Lernen schien wenig Sinn zu machen, stand doch fest, dass, wer keine guten Leistungen erbrachte, sich entweder nicht angestrengt hatte oder einfach nicht intelligent genug war. Dass ein Lerner, der sich seines Lernweges bewusst ist, an Selbstständigkeit und Motivation gewinnt und damit seinen Lernerfolg langfristig verbessert, schien außerhalb von lernpsychologischen Instituten kaum jemand

wahrzunehmen. Heute ist man sich der Bedeutung der Selbstreflexion für selbstständiges Lernen bewusst. Nichtsdestotrotz ist diese Fähigkeit bei vielen Schülern nur gering entwickelt. Es kostet viel Übung und Geduld, bis sie soweit sind, dass sie von ihrer Selbstbeurteilung auch wirklich profitieren.

Zunächst habe ich versucht, den Schülern die Selbstreflexion durch ein **Arbeitsblatt** zu erleichtern, auf dem Satzanfänge bereits vorgegeben waren („Beim Lernen bin ich auf folgende Schwierigkeiten gestoßen: ..."), die die Schüler nur noch ergänzen mussten. Schließlich bemerkte ich aber, dass ihre Aussagen oft sehr knapp ausfielen und wenig aussagekräftig waren. Deshalb ging ich dazu über, die Schüler aufzufordern, ihre Selbstreflexion in ganzen Sätzen bzw. als zusammenhängenden Text zu formulieren. In diesen Texten gaben die Schüler wesentlich mehr Auskunft über ihren Lernprozess. Für die Verschriftlichung ihrer Gedanken brauchen die Schüler Zeit und Ruhe und auch genügend Raum, d.h. eine halbe DIN-A4-Seite reicht normalerweise nicht aus, um eine aussagekräftige Selbstreflexion abzufassen.

Ihre Erkenntnisse über das eigene Lernen sollten die Schüler so konkret wie möglich formulieren und keine zu allgemeinen Aussagen treffen. Statt *„Heute habe ich mich sehr angestrengt, bin aber nicht so weit gekommen, wie ich wollte,"* besser: *„Ich habe versucht, mehr Informationen über die Entwicklung Manhattans zu finden. Aber die meisten Texte waren auf Englisch, und ich brauchte sehr lange, sie zu übersetzen."*

Weitere Aspekte der Portfolio-Arbeit, auf die die Schüler bei ihrer Reflexion Bezug nehmen können:

▶ Inhalte des Portfolios

„Ich finde, dass das Schreiben einer Inhaltsangabe hier wenigstens mal Sinn macht. Weil meine Freundin dann schnell nachlesen kann, worum es in dem Text über die Indianerreservate in South Dakota geht."

▶ Angewandte Methoden und Arbeitstechniken

„Den Inhalt eines Textes zu erarbeiten war manchmal schwierig. Erst mal habe ich alle Fremdwörter im Lexikon nachgeschlagen. Danach habe ich es mit der Fragemethode versucht. Ich habe den Text in Sinnabschnitte unterteilt und mir für jeden überlegt, welche Frage er beantwortet. Oft gab es aber keine Frage, die zum Sinnabschnitt passte. Dann habe ich versucht, die Schlüsselbegriffe jedes Sinnabschnitts zu finden und habe sie markiert und aufgeschrieben. Dann habe ich versucht, die Kernaussagen für den Sinnabschnitt herauszufinden und mit meinen eigenen Worten aufzuschreiben. Das hat schließlich ganz gut funktioniert, und ich konnte mir das, worum es im Text geht, auch viel besser merken als sonst."

▶ Organisation des Lernens, der Gestaltung und des Lernumfelds

„Beim Verfassen des Berichts fand ich es schwierig, über das zu schreiben, was ich gerade mache. Außerdem konnte ich mich nicht konzentrieren. Eigentlich finde ich es gut, wenn es im Klassenzimmer nicht so ruhig ist, aber diesmal wollte ich in Ruhe schreiben können, und die anderen waren manchmal einfach zu laut (v.a. bei den Beratungsgesprächen mit uns)."

▶ Zusammenarbeit mit dem Lehrer

„Herr Wiedenhorn hat uns immer darauf hingewiesen, dass wir die Pflichtaufgaben so früh wie möglich bearbeiten sollen. Das find ich nicht so gut, da er vorher gesagt hat, dass wir mehr Freiheit beim Lernen in der Schule bekommen würden."

▶ Selbstbeurteilung und Beratungsgespräche

„Ich glaube, die Beratungsgespräche mit den anderen bringen uns wirklich etwas. Meine Freundin Laura hatte oft ganz gute Ideen [...] Nur mir fiel es oft schwer, ihr einen Tipp zu geben, wie sie es besser machen kann, weil mir dann selbst nichts einfällt. Aber dann haben wir immer gemeinsam überlegt."

▶ Persönliche Einschätzung des Lernfortschrittes

„Bei der Arbeit mit Portfolios habe ich gelernt, wie ich mit anderen gemeinsam Texte verbessern kann. Vorher hab ich das nie gemacht, und es hat mir auch keinen Spaß gemacht, über meinen Aufsatz nachzudenken. Ich habe auch gelernt, wie ich mir meine Zeit, die ich für bestimmte Sachen brauche, besser einteilen kann, damit ich nicht immer zu spät damit anfange."

Die Reflexion der Schüler, ihr Nachdenken über ihr eigenes Arbeiten, ist quasi das Herzstück des Lernens mit Portfolios, das verhindert, dass die Leistungsmappe zu einer bloßen Sammlung von Schülerarbeiten wird.

Eng mit der Reflexion verbunden ist die Beratung durch Lehrer, Mitschüler und Eltern. Wer mit anderen über seine Arbeit spricht, denkt dabei automatisch über sein Lernen nach. Die Ansichten des anderen helfen ihm, den eigenen Lernfortschritt richtig einzuschätzen. Schüler müssen lernen, ihren Lernfortschritt selbst zu beurteilen, um ihn eigenständig planen und durchführen zu können.

Sich selbst einzuschätzen ist für die Schüler zu Beginn der Portfolio-Arbeit erst einmal ein absolutes Novum. Bislang waren dafür doch immer die Lehrer zuständig. Die Fähigkeit zur Selbsteinschätzung müssen sie Schritt für Schritt entwickeln. Die Arbeitsblätter zur Beurteilung des Portfolios, wie sie auch der Lehrer verwendet, helfen ihnen dabei. Natürlich beansprucht die Erstellung der Lernberichte Zeit – Zeit, die sich auch für die Überarbeitung der Texte und anderen Produkte nutzen ließe. Auch wenn die Selbsteinschätzungsinstrumente, wie Portfolio-Brief und Abschlussreflexion, die Lerneffektivität erst einmal nicht erhöhen, sind sie von zentraler Bedeutung für den Lernfortschritt des Schülers: Nur wenn er über sein eigenes Lernen nachdenkt, über die Probleme und Fortschritte, und sich dann mit anderen darüber austauscht, kann er das entwickeln, was Lehrplan und Arbeitsmarkt gleichermaßen von ihm fordern: Die Fähigkeit zu selbstständigem, lebenslangem Lernen. Instrumente der Selbstreflexion, wie sie das Portfolio vorsieht, machen die Lernumgebung nicht zuletzt pädagogischer, d.h. der Schüler profitiert persönlich davon: Er gewinnt Vertrauen in seine Lernfähigkeit und Selbstwirksamkeit.

Selbstreflexion verbessert also letztendlich die Qualität des Unterrichts sehr wohl. Die Lernenden sollten die Reflexion am besten am Ende eines Arbeitsabschnittes, z.B. nachdem sie die Inhaltsangabe(n) verfasst haben, durchführen, um die Erkenntnisse daraus für den folgenden Arbeitsschritt zu nutzen. Die **Abschlussreflexion** am Ende der Portfolio-Einheit dient zum einen der Rückmeldung individueller Einstellungen und Lernentwicklungen, aber auch dazu, die gesamte Lerneinheit zu beurteilen.

Die Fähigkeit, sein eigenes Lernen und Handeln zu überdenken, ist eine sehr komplexe und anspruchsvolle Aufgabe für Schüler. Sie muss regelmäßig geübt werden. Als Hilfe kann das Verfahren dienen, bei dem die schriftliche Selbstreflexion von Mitschülern gelesen wird, die überprüfen, ob die formulierten Aussagen konkret genug sind und alle wichtigen Aspekte umfassen.

Feedback geben

Zwei Peer-Beratungen sollten für eine Portfolio-Einheit obligatorisch sein. Die Termine vereinbaren die Schüler selbst und tragen sie in die letzte Spalte ihres Planungsbogens ein. In meiner Klasse habe ich den Lernenden eine Peer-Beratung pro Woche vorgeschlagen. Die meisten Schüler haben sich nach der Einführungswoche regelmäßig getroffen, da sie schon früh eine Hilfestellung benötigten. Ein kleiner Teil der Schüler traf sich seltener zu Beratungsgesprächen. Oft waren das sehr „gute" oder sehr „schlechte" Schüler, die eine solche Form für überflüssig hielten. In dem Fall habe ich die Rolle des „Peers" übernommen.

Der Lehrer sollte den Portfolio-Planer mindestens zweimal mit den Schülern durchsprechen und unrealistische Entwürfe gemeinsam mit ihnen korrigieren. Bei nicht so leistungsstarken Lernern ist es ratsam, den Planungsprozess intensiver zu betreuen, auf wichtige Planungsschritte hinzuweisen und ihre Einhaltung zu überprüfen.

Eine wichtige Gelegenheit, bei der der Schüler Feedback von Personen außerhalb der Schule erhält, ist das Lehrer-Eltern-Schüler-Gespräch. Dabei erklärt der Lerner seinem Publikum, was er bereits geschafft hat und wie er seine Leistung einschätzt. Anschließend machen sich die Eltern ein genaues Bild von seiner Mappe und teilen ihm ihren Eindruck und ihre Tipps für seine Weiterarbeit mit. Ihr Urteil und ihre

Verbesserungsvorschläge halten die Eltern auf dem Beurteilungsbogen (s. S. 90) schriftlich fest. Dieses Feedback nimmt der Schüler in sein Portfolio mit auf und richtet seine Weiterarbeit danach aus.

Wenn Sie als Lehrer Feedback geben möchten, nachdem sie eine Arbeit oder das ganze Portfolio gesichtet haben, soll der Schüler ihnen zunächst seine Einschätzung seines Portfolios mitteilen. Erst danach äußern Sie Ihre Meinung.

Ob in die Bewertung mit einfließt, wie viel Beratung ein Schüler in Anspruch genommen hat, bleibt dem Lehrer überlassen.

Tipps für ein gelungenes Feedback

▷ Weisen Sie den Schüler zu Beginn darauf hin, was das Ziel ihres Feedbacks ist: ihm beim Verbessern seines Portfolios zu helfen.

▷ Machen Sie deutlich, welche Kriterien Ihrer Einschätzung zu Grunde liegen.

▷ Lassen Sie den Schüler mit seiner Einschätzung beginnen.

▷ Stellen Sie immer erst die positiven Seiten des Portfolios heraus.

▷ Kommentieren Sie sowohl die Inhalte des Portfolios wie auch das methodische Vorgehen des Schülers.

▷ Geben Sie konkrete Verbesserungsvorschläge: *„Gehe deinen Bericht*

Ich halte es für fair, die Schüler, deren Selbstständigkeit noch nicht soweit entwickelt ist, nicht zu benachteiligen, sondern ihnen die Chance zu geben, ohne Angst vor Noten, so viel Rat einholen zu können, wie sie möchten.

Portfolios bewerten

Das Portfolio als relativ junge Lern- und Arbeitsform sieht sich hinsichtlich der Bewertung mit der gleichen Frage konfrontiert wie andere mehr oder weniger „neue" Unterrichtsformen, wie z.B. Projektlernen: Wie können die Leistungen der Schüler bei der Portfolio-Arbeit **objektiv** bewertet werden? Auch ich habe mir zu Beginn diese Frage gestellt. Neben der Objektivität sollen Bewertungsverfahren auch den Anspruch der Validität (die Leistungsmessung misst tatsächlich das, was sie vorgibt zu messen) und Reliabilität (die Leistungsmessung ist verlässlich – auch bei Wiederholung) erfüllen. Grundsätzlich bilden die Bewertungskriterien auch die Leitlinien für das selbstständige Arbeiten der Schüler während der Unterrichtseinheit. Innerhalb dieses Rahmens soll der Schüler so eigenverantwortlich wie irgend möglich arbeiten können. **Objektive und zuverlässige Bewertungsformen** für individualisierte Lernprozesse zu finden, ist nach wie vor eine Herausforderung für jeden Lehrer. Wer seinen Bewertungen jahrelang nur die soziale, nicht aber die individuelle Leistungsnorm zu Grunde legte, muss nun für das Portfolio eine differenziertere Form der Leistungsmessung finden. Undurchsichtige Bewertungsverfahren, so befürchten viele, lassen schnell Zweifel an der Berechtigung und Effizienz der neuen Lernform an sich aufkommen.

Um Leistungsmessung verlässlich und glaubwürdig erscheinen zu lassen, versuchen Lehrer deshalb oft, sich und „ihre" neue Lernform durch eine nicht zu kleine Anzahl von detailreichen **Beurteilungsbögen und Bewertungsrastern gegen Kritik** von außen

abzusichern. Vor allem soll damit aber die Bewertung gerecht und fair werden.

Ich schließe mich hier allerdings *Peter Adamski* an, der davon ausgeht, dass es bei Portfolio-Arbeit wenig hilfreich ist, allzu detailliert und abstrakt über Kataloge von mehr oder weniger aussagekräftigen Einzelkriterien nachzudenken. Schon gar nicht sollte man den Anspruch der 100-prozentigen Objektivität absolut setzen. Zum einen sind auch die Beurteilungsverfahren im konventionellen Unterricht erwiesenermaßen alles andere als 100-prozentig objektiv und valide (man denke hier an die Bewertung von Aufsätzen, Präsentationen oder an mündliche Noten). Zum anderen kann sich eine allzu strenge Beurteilung von offenen Unterrichtsformen, zu denen ich die Portfolio-Arbeit zähle, nach Validität, Objektivität und Reliabilität meiner Meinung auch nachteilig auf die eigentlichen Ziele dieser Art von schulischem Lernen auswirken.

> **„Wenn wir Lernen und Leistungserbringung letztlich individualisieren wollen, dann kommen wir nicht umhin, Bewertung und Beurteilung dem anzupassen, wobei entscheidend ist, dass Schülerinnen und Schüler ein qualifiziertes Feedback zu ihrer Leistungsdokumentation und -entwicklung erhalten."**
> (Adamski 2004, S. 6)

Noch so ausführliche Kriterienraster und Beurteilungsbögen können eine Leistung auf dem Gebiet des individuellen Lernfortschrittes nur unzureichend widerspiegeln. Das Portfolio nur mit einer Ziffernnote zu bewerten, sei sie auch noch so akribisch generiert, liefe also dem eigentlichen Grundgedanken dieser Lernform entgegen.

Portfolios stellen Schüler vor komplexe Lernaufgaben, d.h. Aufgaben, die den Transfer und die Weiterentwicklung von bereits erworbenem Wissen fordern und es notwendig machen, selbstständig Zusammenhänge zwischen Inhalten herzustellen.

Die Individualität und der Grad der Komplexität der Lösung des Schülers müssen deshalb, ebenso wie fachliche Inhalte und angewandte Methoden, in die Bewertung eingehen.

Um die individuelle Leistungsentwicklung des Schülers beurteilen zu können, sind die soziale Bezugsnorm (Wie groß ist der Lernfortschritt des Einzelnen im Vergleich zu seinen Klassenkameraden?) und festgesetzte Leistungsniveaus (Hat er diesen Bildungsstandard erreicht?) nicht sinnvoll. Nur ein Feedback, aus dem die persönliche Lernentwicklung hervorgeht, kann dies leisten. In seiner Beurteilung sollte der Lehrer in einem zusammenhängenden Text deutlich machen, wie gut der Schüler die einzelnen Aufgaben erfüllt hat und daraus entsprechende Verbesserungsvorschläge ableiten. Nur so kann der Anspruch der individuellen Leistungsförderung durch Portfolios erfüllt werden.

Bewertungs- und Rückmeldebögen erleichtern dem Lehrer die Beurteilung des Portfolios in den Bewertungskategorien Inhalt, Form und eigener Lernfortschritt bzw. Reflexion. Ich habe deshalb ein **Beurteilungsraster** mit einer überschaubaren Anzahl von Kriterien entworfen (s. S. 97). Darin werden die festgestellten Leistungen des Schülers in ein Punktesystem eingeordnet. Nach einem bestimmten Punkteschlüssel, den jeder Lehrer in Abstimmung auf die Leistungsfähigkeit der Klasse selbst festlegen soll, münden die Gesamtpunktzahlen schließlich in eine Note. Die Gewichtung der einzelnen Items orientiert sich dabei an den von mir festgelegten Lernzielen. Da mir einerseits wichtig war, dass die Schüler ein Textsortenspektrum einüben und gleichzeitig eine inhaltliche

Recherche betreiben, habe ich den Punkt „Inhalt" besonders gewichtet. Die Förderung des individuellen Lernens und der Reflexion des Einzelnen waren für mich ebenfalls wichtige Ziele der Unterrichtseinheit. Die Gewichtung der formalen Gestaltung der Mappen trat dahinter etwas zurück. Die Aufgaben (Pflicht- und fakultative Aufgaben) werden mittels des Rasters nur sehr knapp rückgemeldet. Eine detaillierte Beurteilung der einzelnen Texte habe ich auf den Schülerarbeiten selbst vermerkt.

Mit einem Beurteilungsbogen soll sich der Lerner vor der Beurteilung der Arbeiten durch die Lehrkraft auch selbst einschätzen (s. S. 91/92). Die möglicherweise auftretenden unterschiedlichen Sichtweisen nutze ich als Beratungsgrundlage, denn sie zeigen den individuellen Förderbedarf.

Der Lehrer kann nur das Portfolio allein oder die Mappe zusammen mit der Präsentation bewerten. Entscheidend ist, dass die Portfolio-Arbeiten auf Grund ihrer didaktischen Ziele am Ende an Kriterien gemessen werden, die vorher von allen Beteiligten gemeinsam festgelegt wurden. So kann der Schüler die abschließende Bewertung des Portfolios in Form einer Note gut nachvollziehen und annehmen.

Eine großes Problem bei der Beurteilung stellt sich vielen Lehrern beim Blick auf die **offene Form des Portfolios**: Wie sollen die fakultativen und reflexiven Portfolio-Arbeiten beurteilt werden? Generell sollte gelten: Alle Portfolio-Arbeiten sollten beurteilt, müssen jedoch nicht bewertet werden. Ein Portfolio kann sehr unterschiedliche Arbeiten enthalten: Pflichtaufgaben, reflektierende und fakultative Aufgaben sowie Arbeiten, die eine Selbsteinschätzung verlangen. Einige Portfolio-Experten sind der Meinung, dass die reflektierenden Arbeiten des Schülers (Reflexionsbögen, Portfolio-Brief) zwar beurteilt, aber nicht bewertet werden sollten. Einige Lehrer vertreten hingegen die Auffassung, dass Schüler Aufgaben, die nicht bewertet werden, nicht mit ausreichender Sorgfalt erledigen und weniger „ernst" nehmen. Diese Einschätzung entspricht nicht meiner Erfahrung. Dennoch wollte ich auf eine Bewertung der Reflexion nicht völlig verzichten. Wenn es dem Schüler gelingt, seine reflexiven Gedanken zu verschriftlichen, halte ich das, ebenso wie seine anderen Arbeiten, für eine Leistung, die es wert ist, mit einer Bewertung honoriert zu werden. Ich habe die Erfahrung gemacht, dass die meisten Schüler sich dabei auch große Mühe geben, und deshalb nur sehr gute bis befriedigende Ergebnisse entstehen. Sie können es auch den Schülern überlassen, zu entscheiden, ob und wie ihre reflexiven Texte in eine Bewertung mit einfließen.

Da die fakultativen Arbeiten der Schüler sehr unterschiedlich ausfallen können, ist ihre Bewertung nicht einfach – schon gar nicht lassen sie sich anhand eines vorher festgelegten Kriterienrasters beurteilen. Dennoch ist es notwendig, auch für diese Aufgaben gemeinsam verbindliche Kriterien festzulegen, damit die Schüler nicht ziellos an einem willkürlich gewählten Thema vor sich hin „werkeln". Ich hatte mich mit meiner Klasse

auf folgende Vorgaben geeinigt: Die Arbeiten stehen in einem erkennbaren Bezug zur Forscherfrage und dieser wird in einem kurzen Text auch nachvollziehbar dargestellt. Außerdem zeigen sie eine intensive Auseinandersetzung mit dem Thema, d.h. sie machen deutlich, dass der Schüler eigene Gedanken und Ideen entwickelt und ausgebaut hat.

Wie bereits erwähnt, ist die **Mitbestimmung der Schüler** an den Beurteilungskriterien grundlegend für Portfolio-Arbeit. Allerdings hatten sie auf die Beurteilung selbst keinen Einfluss. Manche Didaktiker sind hier anderer Meinung, ich allerdings vertrete den Standpunkt, dass ein Mitspracherecht der Schüler bei der Leistungsmessung der außerschulischen Realität widerspricht. Nach der Schule muss sich der Schüler nach den Maßstäben messen lassen, die andere an ihn anlegen und auf die er keinen Einfluss hat. Von Vorgesetzten beurteilt zu werden, ist heute in jedem Berufsfeld und vor allem in der Ausbildung keine Ausnahme mehr, sondern die Regel. Ich habe die Schüler allerdings mit entscheiden lassen, ob die Beurteilung der Präsentation in die Benotung mit einfließen soll oder nicht, und wenn ja, in welchem Verhältnis. Sie entschieden sich schließlich für ein Verhältnis von 3:1 zwischen Leistungsmappe und Präsentation.

Die Präsentation des Portfolios

Der Begriff der Präsentation steht für gezieltes Informieren und erfolgreiches Darstellen mit Hilfe verschiedener Medien. Soweit die Theorie. In der Praxis bedeutet Präsentieren im Klassenzimmer meist eine schier endlose Reihe von Referaten zu unterschiedlichen Themen, die oft weder den Vortragenden selbst in Begeisterung versetzen

noch beim Publikum Interesse für das vorgestellte Thema wecken. Bei erfolgreichen Präsentationen ist aber genau das der Fall. **Für die Präsentation des Portfolios gilt:** Der Schüler stellt seinen Mitschülern seine Forscherfrage vor und beantwortet sie anschließend so, wie er sie in seinem argumentativen Text dargestellt hat. Indem er seine

Arbeit öffentlich macht und anderen vorstellt, erhalten die Ergebnisse seiner Bemühungen eine „Bühne" und verstauben nicht nur fortan in einer Schublade. Der Vortragende bekommt **Anerkennung** für seine Leistung und hat die Möglichkeit, die Informationen so darzustellen, dass der Zuhörer Interesse an einer Beschäftigung mit dem Thema bekommt. Eine Zusammenfassung der Inhalte bekommt das Publikum schwarz auf weiß: Die Klasse hatte gemeinsam beschlossen, dass jeder Referent ein Thesenpapier zu seinem Vortrag entwerfen sollte.

Um die Verständlichkeit des Vortrages zu überprüfen, sollte es auch noch drei Fragen an die Zuhörer richten, die sie nach dem Vortrag beantworten sollten. Nach einer gut gegliederten und vorgetragenen Repräsentation gelang das auch den meisten. Was ihre Durchführung betrifft unterscheidet sich eine Portfolio-Präsentation grundsätzlich nicht von der eines gewöhnlichen Referates. In einem Punkt weicht sie allerdings davon ab: Der Schüler muss am Ende seines Vortrages die Ergebnisse seiner Selbstreflexion kurz darstellen. Dabei wird er sich noch einmal seines Lernprozesses bewusst, und die Zuhörer haben die Gelegenheit, von seinen Erkenntnissen zu profitieren.

Wie Schüler von langweiligen Referaten zu spannenden Präsentationen kommen, kann aus Platzgründen im Rahmen dieses Titels nicht näher dargestellt werden.

Hier soll als Erstes ein kurzer Überblick über die Leistungen, die die Schüler beim Präsentieren erbringen, gegeben werden. Die Beherrschung bestimmter Arbeitsmethoden ist eine wichtige **Voraussetzung für erfolgreiches Aufbereiten** der dargebotenen Information: das Thema strukturieren, Inhalte formulieren, das Gesagte mit Bildern, Grafiken usw. sinnvoll veranschaulichen usw. Präsentationstechniken während des Vortrages werden den Schülern ebenfalls abverlangt: angemessenes Sprechtempo,

Blickkontakt mit dem Publikum, das Gesagte unterstützende Mimik und Gestik usw.

Die Techniken und Kompetenzen, die beim Präsentieren zum Einsatz kommen, erwirbt der Schüler nur, wenn er sie immer wieder übt und weiterentwickelt. Auch wenn Schüler im Laufe ihrer Schullaufbahn zahlreiche Referate halten, stagniert die Entwicklung ihrer Präsentationskompetenz oft. Ein Grund dafür ist möglicherweise, dass die Schüler kein ausreichend genaues Feedback auf ihre Vorträge erhalten.

Deshalb ist es umso wichtiger, dass der Referent am Ende seiner Portfolio-Präsentation eine detaillierte Auskunft über die Schwächen und Stärken seines Referats erhält.

Als Hilfe für das Anfertigen solch eines Kommentars kann die Lehrkraft wie bei der Beurteilung des Portfolios ein Kriterienraster einsetzen. Den Beurteilungsbogen setzte ich auch bei Präsentationen im Regelunterricht ein. Nachdem ich meine Beobachtungen während der Präsentation darauf eingetragen habe, erhält der Schüler eine umfassende Rückmeldung von mir zu seiner Leistung. Außerdem gebe ich ihm eine Kopie des Beurteilungsbogens mit, damit er, bevor er seine nächste Präsentation hält, einen Blick auf seine alten Schwachstellen werfen kann.

Der Beurteilungsbogen enthält folgende Kategorien:

1. **Gliederung:** Wie hat der Schüler seinen Vortrag über sein Portfolio strukturiert? Sinnvoll und nachvollziehbar oder eher verwirrend und ungeschickt?

2. **Sachwissen:** Wird während des Vortrages deutlich, dass der Schüler über umfassendes Sachwissen zu seinem Thema verfügt, oder ist er schlecht vorbereitet?

3. **Argumentation:** Ist sie schlüssig und nachzuvollziehen oder konfus und schwer nachvollziehbar?

4. **Informationsdichte:** Ist das Gesagte nur eine Wiederholung weniger Fakten, oder vermittelt der Schüler viel neue Information?

5. **Reflexion:** Wie gut kann der Schüler seinen Lernfortschritt darstellen? Nennt er konkret die Inhalte oder Kompetenzen, die er neu gelernt hat (*„Während meiner Portfolio-Arbeit habe ich viel über die Geschichte der Stadt New York gelernt, z.B. ihre Entstehung im 17. Jahrhundert und ihre Entwicklung zur multikulturellen Weltstadt …"*), oder bleiben seine Aussagen diffus (*„Ich habe viel gelernt, z.B. über die Indianer und die Weißen."*)?

6. **Sprache:** Wie verständlich und angemessen sind Satzbau und Wortwahl des Schülers?

7. **Sprechtempo:** Spricht der Schüler laut und klar, mit angemessenem Redetempo? Setzt er im richtigen Moment kurze Pausen, oder redet er monoton ohne Punkt und Komma?

8. **Gestik/Haltung:** Unterstreicht die Gestik und Haltung des Referenten das, was er sagt? Lenkt er damit gezielt die Aufmerksamkeit auf sich, oder wirkt er verkrampft und nervös?

9. **Blickkontakt:** Wie frei spricht der Schüler? Liest er vom Blatt ab, oder fixiert er nur starr einige wenige Personen im Publikum?

10. **Interesse:** Gelingt es ihm, das Interesse seiner Zuhörer zu wecken, oder langweilt er mit seinem Vortrag?

11. **Redeziel:** Beantwortet der Schüler mit seiner Präsentation einwandfrei seine Forscherfrage, und überzeugt er das Publikum mit seiner Argumentation?

12. **Medieneinsatz:** Setzt der Vortragende Medien, wie Overhead-Projektor, Beamer, Tafel oder Bilder, sinnvoll ein? Irritiert er das Publikum durch zu dunkle Folien und unscharfe und zu kleine Schriften?

13. **Fachliche Rückfragen:** Kann der Schüler am Ende seiner Präsentation die Fragen der Zuhörer beantworten, oder bleibt er viele Antworten schuldig?

Bei der Bewertung der Präsentation verwende ich ein **Punktesystem** (s. S. 93/94). Ich vergebe dabei auf jedes einzelne Kriterium eine maximale Anzahl von vier Punkten. Die Bewertung des Portfolios wird mit der Präsentation im Verhältnis von drei zu eins verrechnet. Außer einer Präsentation können Schüler ihre Arbeitsergebnisse auch durch eine Ausstellung im Schulhaus oder auf einer eigenen Seite im Internet präsentieren. Da sie dabei aber ihre mündlichen Präsentationstechniken nicht weiterentwickeln, halte ich es für sinnvoll, das alle Schüler ihre Portfolios auf jeden Fall auch vor Publikum vorstellen. Ausgezeichnete Präsentationstechniken werden heute in vielen Berufen als selbstverständlich vorausgesetzt. Schüler erwerben sie nur, wenn sie über Jahre hinweg gezielt an ihren Arbeitstechniken und methodischen Fähigkeiten arbeiten.

Portfolio-Arbeit im Unterricht: ein Fazit

Mit der Einführung von Bildungsstandards wuchs die Bedeutung des eigenständigen Lernens und man suchte nach neuen Formen des Lehrens, um ihr gerecht zu werden. Schüler sollten die Verantwortung für ihren Lernprozess zurückerhalten und neue Lernmöglichkeiten dazugewinnen.

Die **Lerntheorie des Konstruktivismus** förderte außerdem die Verbreitung des didaktischen Ansatzes, der dem Lernprozess mehr Bedeutung zuweist und fächerübergreifende Lernkonzepte fordert. Vor diesem Hintergrund gewann das Portfolio-Konzept sowohl in der didaktischen Theorie als auch an den Schulen zunehmend an Bedeutung.

Erfolgreiche Portfolio-Arbeit verlangt jedoch mehr als ausgefeilte Konzepte und Modelle. Sie setzt eine **besondere Unterrichtsatmosphäre** voraus. Offener und experimenteller Umgang mit Lerninhalten und -methoden, Bewusstmachung und Akzeptanz von Lernschwierigkeiten, das Reflektieren des eigenen Lernprozesses und eine veränderte Lehrer-Schüler-Beziehung sind grundlegende Merkmale eines Lernens mit Portfolios. Die schulische Portfolio-Entwicklung in den USA hat gezeigt, dass der Einsatz von Portfolios Veränderungen auf der Ebene der Bildungspläne und der institutionellen Ebene von Schule benötigt. Vor allem aber muss ein Bildungssystem verabschiedet werden, das nur das Ergebnis des Lernens im Blick hat. Sonst verkommt der Portfolio-Boom zu einer mit didaktischen Phrasen gefüllten Blase, die irgendwann ohne echte Wirkung zerplatzen wird.

Dass Schüler während der Portfolio-Arbeit eine Vielzahl von Kompetenzen erwerben bzw. vertiefen können, ist ein weiterer Aspekt, der für die Arbeit mit Portfolios spricht und gleichzeitig die aktuelle Bildungsdebatte bestimmt. Schüler, die über viele Kompetenzen verfügen, können nicht nur besser lernen und arbeiten, sondern profitieren mit ihrer ganzen Persönlichkeit. Der Begriff der Kompetenz stammt aus der Berufsbildung und der Debatte um Schlüsselqualifikationen, wird inzwischen aber im schulischen Bereich häufig verwendet. Vor allem um die allgemeinen Ziele von Bildung bzw. die allseits geforderten nationalen Bildungsstandards zu bestimmen, wird der Kompetenzbegriff gern herangezogen.

Unter Kompetenzen versteht man Fähigkeiten, durch die bestimmte Probleme gelöst werden sowie gewisse Einstellungen und Haltungen, die für erfolgreiches und flexibles Problemlösen notwendig sind. Die Bildungspläne aller Bundesländer führen daher „überfachliche Kompetenzen" als Ziel schulischen Lernens auf. Damit solche Kompetenzen bei den Schülern aufgebaut bzw. gefördert werden, sollte der Unterricht nach bestimmten Prinzipien ausgerichtet werden.

Dazu gehören alle Lernformen, die die Sozial-, Sach-, Methoden- und Selbstkompetenz fördern. So vielfältig das Kompetenzrepertoire ist, so vielfältig müssen auch die im Unterricht angewandten Lern- und Lehrformen sein.

Ein didaktisches Prinzip steht jedoch an erster Stelle: Die Förderung der Selbstständigkeit und Selbsttätigkeit der Schüler. Mehr Selbstständigkeit bedeutet gleichzeitig mehr Verantwortung für den eigenen Lernprozess.

Damit der Schüler diese Verantwortung aber auch annimmt, muss der Ausgangspunkt des Lernens sein **eigenes Interesse** sein. Wurden die Lernziele ausschließlich von anderen festgelegt, wie soll er langfristig einen Anreiz zu selbstständigem Handeln entwickeln? Natürlich können sich auch viele Schüler für Aufgaben motivieren, die ihnen vorgegeben werden – vor allem, wenn das Ergebnis benotet wird. Solch eine eingeschränkte Selbstbestimmung der Schüler bestimmte den Unterricht in der Vergangenheit und auch in

Zukunft werden sich Kinder und Jugendliche den Anforderungen der Erwachsenen stellen müssen. Institutionelle Rahmenbedingungen, wie der Bildungsplan und die Bedingungen der Arbeitswelt, erlauben es nicht, die Inhalte von Unterricht ausschließlich an den Interessen der Schüler auszurichten. Aber je stärker diese Rahmenbedingungen und Anforderungen von außen auf das Lernen in der Schule einwirken, desto mehr sollten Sie als Lehrkraft nach inhaltlichen und methodischen Freiräumen suchen.

Das Portfolio-Konzept kann Ihnen helfen, den Spagat zwischen Bildungsplan und Schülerorientierung zu schaffen, denn es fördert den Erwerb von Kompetenzen, die Schüler heute und in Zukunft brauchen:

> **Ausdauer,**

> **Verantwortungsbereitschaft,**

> **die Fähigkeit effektiver Zeiteinteilung,**

> **Selbstvertrauen,**

> **Kommunikationsfähigkeit,**

> **Teamfähigkeit,**

> **Urteilsfähigkeit,**

> **die Fähigkeit, zielgerichtet Informationen zu beschaffen und aufzubereiten,**

> **die Fähigkeit, Informationen erfolgreich zu präsentieren.**

Das Portfolio-Konzept steht noch relativ am Anfang seines Einsatzes in der Schule und muss in die unterschiedlichsten Richtungen weiterentwickelt werden. Dazu sollte nicht nur die didaktische Theorie beitragen, sondern vor allem der Praktiker in den Klassenzimmern. Eine theoretische Weiterentwicklung findet z.B. auf den Fachtagungen des **Netzwerks Portfolio** statt – ein offener Zusammenschluss von Menschen, die sich

für die Verbreitung des Portfolio-Konzeptes einsetzen. Der Erfolg des Konzeptes ist aber nur dann langfristig gesichert, wenn die dort erarbeiteten Handlungsvorschläge von innovativen und experimentierfreudigen Lehrkräften ausprobiert und weiterentwickelt werden. Ich hoffe, ich habe Ihnen mit diesem Buch Mut gemacht, das spannende Experiment „Portfolio" zu wagen.

Anhang

Checklisten und Kopiervorlagen

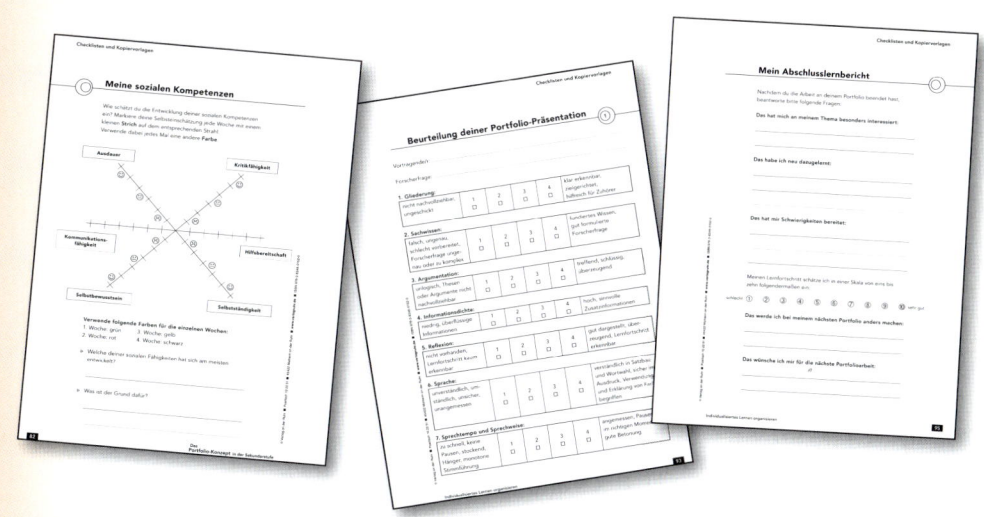

Checkliste für die Portfolio-Planung und -Durchführung

(1)

A. Vorausgehende Planung des Lehrers:

▷ **Lernziele** und **Portfolio-Typ** festlegen

▷ **Thematischen Rahmen** festlegen

▷ **Einstieg** in Portfolio-Arbeit planen

▷ Eigene **Ideen** sammeln

▷ **Leistungsmessung und Auswertung** planen

B. Analyse der Rahmenbedingungen:

▷ Überprüfen der **Voraussetzungen** auf Schülerseite (Methodenrepertoire, Hintergrundwissen aus anderen Fächern)

▷ **Bearbeitungszeitraum** planen: Wie viele Stunden soll am Portfolio gearbeitet werden?

▷ **Zeit- und Raumnutzung** abklären: evtl. Stunden von Kollegen übernehmen, um Doppelstunden zu ermöglichen, Computerräume reservieren

▷ **Personaleinsatz** planen: Welche Personen können die Portfolio-Arbeit unterstützen? Kollegen anderer Fächer, Eltern oder andere außerschulische Personen als „Experten" rekrutieren

▷ Mögliche **Zusammenarbeit** mit Kollegen planen und koordinieren

▷ **Hilfsmittel** und **Medien** sichten: Karten, Atlanten, Globen, Lexika, Wörterbücher, Lehrwerke

▷ **Gerätebedarf** klären: Ist ein Beamer für die Präsentationen verfügbar? Besitzt die Schule Kameras bzw. Videokameras?

▷ **Arbeitsmaterialien** bestimmen und Liste für Schüler erstellen

▷ **Elternmitarbeit** planen; Elterninformation abklären und durchführen

▷ Evtl. **Büchereibesuch** planen

© Verlag an der Ruhr ■ Postfach 10 22 51 ■ 45422 Mülheim an der Ruhr ■ www.verlagruhr.de ■ ISBN 978-3-8346-0152-0

Das **Portfolio-Konzept** in der Sekundarstufe

Checkliste für die Portfolio-Planung und -Durchführung

(2)

C. Gemeinsame Planung von Lehrer und Schülern:

▷ **Ideensammlung**

▷ Thematische **Schwerpunkte** finden

▷ **Forscherfragen** formulieren

▷ **Ziele** der Portfolio-Arbeit klären

▷ Kriterien für spätere **Bewertung** festlegen

▷ **Ordnerstruktur** anlegen

▷ **Abgabetermin** festsetzen

▷ **Organisatorische Abläufe** klären und festlegen:
  • Wann, wo und wie können Probleme und
    offene Fragen besprochen werden?
  • Wie laufen die Beratungsgespräche ab?
  • Wer führt die Bewertung durch?

D. Gemeinsame Maßnahmen während der Portfolio-Arbeit:

▷ **Zwischenergebnisse** überprüfen

▷ **Lernfortschritt** und **Zeitmanagement**
  der Schüler kontrollieren

▷ Einhaltung von **Absprachen und Terminen** überprüfen

▷ **Präsentation:**
  • Gerätebedarf der Schüler klären
    (Overhead-Projektor, Beamer)
  • Eltern einladen

▷ **Abschluss der Portfolio-Arbeit:**
  • Abschließende Beurteilung (mündlich oder schriftlich)
  • Reflexion der Handlungen und Abläufe
  • Feedback der Schüler einholen
  • Schüler loben!

© Verlag an der Ruhr ■ Postfach 10 22 51 ■ 45422 Mülheim an der Ruhr ■ www.verlagruhr.de ■ ISBN 978-3-8346-0152-0

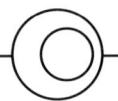

Meine Forscherfrage

Meine Forscherfrage lautet:

_____

_____

_____

_____

▷ Für diese Frage habe ich mich entschieden, weil …

_____

_____

_____

▷ Hier werde ich nach Informationen zu meinem Thema suchen:

_____

_____

_____

▷ Diese Personen könnten mir dabei helfen:

_____

_____

_____

Aufgabe:

Lege auf einem Blatt eine **Mindmap®** an, mit der du deine Ideen zu deiner Forscherfrage ordnest. Kennzeichne die „Äste", die dir besonders interessant oder wichtig erscheinen, farbig. Hefte die Skizze hinter dieses Blatt in deinen Portfolio-Ordner.

© Verlag an der Ruhr ■ Postfach 10 22 51 ■ 45422 Mülheim an der Ruhr ■ www.verlagruhr.de ■ ISBN 978-3-8346-0152-0

Das
Portfolio-Konzept in der Sekundarstufe

Verfasser- und Quellennachweis

Hiermit versichere ich _____
(Vorname, Name)

dass ich alle Texte in meinem Portfolio selbst verfasst habe.
Alle Texte, die nicht von mir stammen, habe ich mit einem
Autorenhinweis gekennzeichnet. Sofern ich Gedanken, Ideen
oder Textausschnitte aus anderen Texten, Büchern oder dem
Internet übernommen habe, liegt eine Quellenangabe in folgender Form vor:

Name, Vorname des Autors.
Titel des Buches.
Ort des Verlages.
Verlagsname.
Erscheinungsjahr.
Seitenzahl.

Bei Texten aus dem Internet habe ich die **URL-Adresse**, unter der
ich den Text oder Textausschnitt gefunden habe, und das **Datum**
mit angegeben, z.B.:

www.quellenangabefürportfolios.de/Seite1.html – *(20.05.06)*

Falls ich mit anderen zusammengearbeitet und deren Ideen
in meine Texte mit aufgenommen habe, habe ich dies ebenfalls
mit einem Autorennachweis deutlich gemacht.
Ich weiß, dass, wenn ich gegen diese Vorgaben verstoße,
meine Leistung abgewertet wird.

_____   _____
(Unterschrift des Portfolio-Autors)   *(Ort, Datum)*

© Verlag an der Ruhr ■ Postfach 10 22 51 ■ 45422 Mülheim an der Ruhr ■ www.verlagruhr.de ■ ISBN 978-3-8346-0152-0

Portfolio-Planer

Woche: vom _____ bis _____

Datum	Daran will ich arbeiten:	Das habe ich geschafft:	Arbeitszeit in Stunden/Minuten

Termin(e) für Peer-Beratung: _____

Name des Peer-Beraters: _____

© Verlag an der Ruhr ■ Postfach 10 22 51 ■ 45422 Mülheim an der Ruhr ■ www.verlagruhr.de ■ ISBN 978-3-8346-0152-0

Das
Portfolio-Konzept in der Sekundarstufe

Die Schreibkonferenz

Wenn du einen Aufsatz als Pflichtaufgabe geschrieben hast, kannst du ihn mit anderen besprechen und gleichzeitig deren Texte auf ihre **Stärken und Schwächen** hin untersuchen. Das hilft allen, den eigenen Aufsatz zu überarbeiten und zu verbessern. Dieses Verfahren nennt man eine **Schreibkonferenz**.

Bei einer Schreibkonferenz geht ihr so vor:

1. Bildet eine **Gruppe** von drei bis vier Personen.
   Der Schüler rechts von euch gibt euch seinen Text. Nehmt euch Zeit, den Aufsatz genau durchzulesen.
   Überlegt,
   a) was euch an dem Aufsatz gefällt,
   b) was euch daran auffällt,
   c) was euch daran stört,
   d) welche Tipps ihr dem Verfasser geben könnt.

2. Eure Ideen notiert ihr auf ein **Blatt** und setzt euren Namen darunter. Dann gebt ihr den Aufsatz zusammen mit eurem Kommentar im Uhrzeigersinn weiter und seht euch den nächsten Text, den ihr von eurem Nachbarn zu eurer Rechten bekommt, durch. Jeder von euch sollte für seinen Kommentar eine andere Farbe benutzen. **Während der Schreibkonferenz wird nicht gesprochen oder rückgefragt!**

Euer Kommentar sollte also so gegliedert sein:

1. Das gefällt mir: …
2. Hier fällt mir etwas auf: …
3. Hier stört mich etwas: …
4. Meine Tipps: …

© Verlag an der Ruhr ■ Postfach 10 22 51 ■ 45422 Mülheim an der Ruhr ■ www.verlagruhr.de ■ ISBN 978-3-8346-0152-0

Meine sozialen Kompetenzen

Wie schätzt du die Entwicklung deiner sozialen Kompetenzen ein? Markiere deine Selbsteinschätzung jede Woche mit einem kleinen **Strich** auf dem entsprechenden Strahl.
Verwende dabei jedes Mal eine andere **Farbe**.

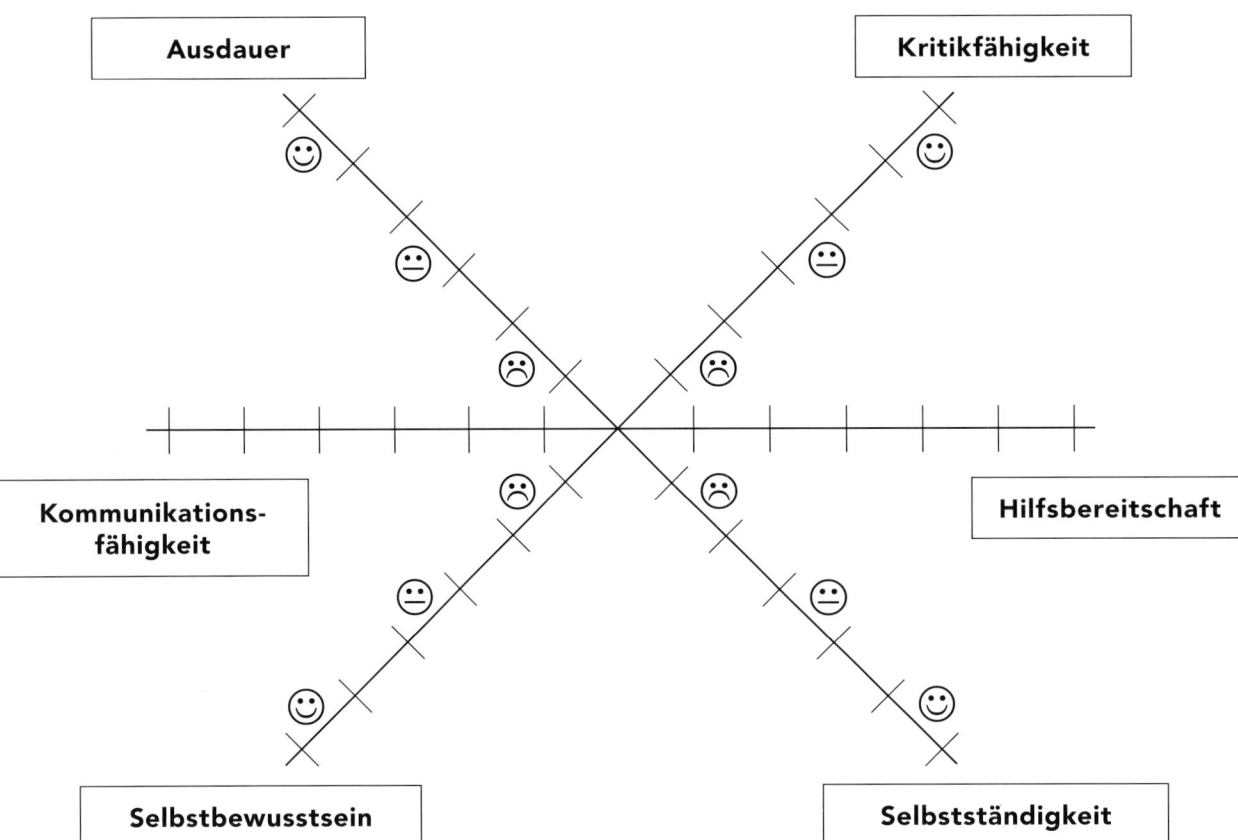

Verwende folgende Farben für die einzelnen Wochen:

1. Woche: grün   3. Woche: gelb
2. Woche: rot   4. Woche: schwarz

▷ Welche deiner sozialen Fähigkeiten hat sich am meisten entwickelt?

_____

▷ Was ist der Grund dafür?

_____

_____

© Verlag an der Ruhr ■ Postfach 10 22 51 ■ 45422 Mülheim an der Ruhr ■ www.verlagruhr.de ■ ISBN 978-3-8346-0152-0

Das
Portfolio-Konzept in der Sekundarstufe

Wir lernen mit Portfolios

Liebe Schülerin/lieber Schüler der Klasse _____

In diesem Halbjahr möchte ich gemeinsam mit dir eine neue
Form des Lernens ausprobieren, die **Portfolio** genannt wird.
Der Begriff stammt aus dem Italienischen und bedeutet „Sammelmappe". Es ist sozusagen eine Sammlung deiner besten Arbeitsergebnisse zu einem Thema. Das können Bilder, Texte, Grafiken,
PowerPoint-Präsentationen, eine Homepage, Plakate o.Ä. sein.
Das Besondere an der Arbeit mit Portfolios ist, dass du **selbstständig**
an einem Themengebiet arbeitest und versuchst, eine Forscherfrage
zu klären.
Du kannst, im Rahmen unserer Vorgaben, selbst entscheiden, wie und
wann du an etwas arbeiten willst. Um deinen Arbeits- und Lernprozess
so weit als möglich selbstständig durchzuführen, musst du Folgendes
beachten:

▷ Mache dir bewusst, was du kannst und was du nicht so gut kannst.
▷ Mache dir Gedanken darüber, was in deinem persönlichen Umfeld
   dein Lernen behindert oder fördert.
▷ Nimm dir die Zeit, einen Arbeitsplan zu erstellen, und überprüfe
   deine Zielsetzungen regelmäßig.

Die Freiheit, die dir das Arbeiten mit dem Portfolio gibt, bedeutet
auch, dass du die **Verantwortung** dafür trägst, dass dein Lernen erfolgreich ist. Das heißt aber nicht, dass du keine **Unterstützung**
anfordern darfst. Deine Mitschüler und ich helfen dir jederzeit gern
weiter, wenn du dich mit deinen Problemen und Fragen an uns wen-
dest. Ich werde dir außerdem regelmäßig **Rückmeldungen** über deinen Lernerfolg geben. Wir werden insgesamt vier bis sechs Wochen an
den Portfolios arbeiten. Dabei kommen vielleicht auch Lehrer, die du
aus anderen Fächern kennst, als **„Experten"** zu uns.
Auch wenn dir das selbstständige Arbeiten am Anfang etwas schwer
fällt, lass in deiner Anstrengung nicht nach – es lohnt sich!
Ich freue mich auf einen etwas anderen Unterricht mit dir zum Thema

„_____".

Mit freundlichen Grüßen

_____

(Name des Lehrers)

© Verlag an der Ruhr ■ Postfach 10 22 51 ■ 45422 Mülheim an der Ruhr ■ www.verlagruhr.de ■ ISBN 978-3-8346-0152-0

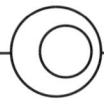

Der Elternbrief

Liebe Eltern!

In diesem Halbjahr möchte ich in der Klasse

_____ das **Lernen und Arbeiten mit Portfolios** einführen. Ein Portfolio ist eine Sammlung der besten Arbeiten eines Schülers, die er selbst ausgewählt hat. Anhand dieser Produkte lassen sich die Stärken und Schwächen, vor allem aber die Lernfortschritte des Schülers ablesen. Das Besondere an der Arbeit mit Portfolios ist, dass die Schüler hier sehr **selbstständig** arbeiten und an der **Organisation des Unterrichts** sowie an der **Beurteilung** ihrer Leistungen beteiligt sind.

Ausgangspunkt der Portfolio-Arbeit ist eine **Forscherfrage.** Ihr Kind formuliert innerhalb des Themas

„_____"

eine bestimmte Fragestellung. Das Portfolio soll nach einer **Arbeitszeit** von vier bis sechs Wochen schließlich eine umfassende Antwort auf diese Frage liefern. Konkret bedeutet das, dass Ihre Tochter/Ihr Sohn im Laufe der Unterrichteinheit …

▷ gezielt Texte für das Portfolio auswählen wird und zu einer gegliederten Materialsammlung zusammenstellen wird,

▷ verschiedene Texte und sonstige Arbeiten zum Thema.

„_____"

erstellen wird

▷ den eigenen Lern- und Arbeitsprozess bewusst verfolgen und beschreiben wird,

▷ Mitschüler in Bezug auf deren Arbeiten beraten wird.

Dadurch lernen die Jugendlichen, Entscheidungen zu treffen, ihr Lernen selbstständig zu organisieren und durchzuführen, sich Ziele zu setzen und ihre eigene Leistung einzuschätzen.

Das Portfolio als neue Lernform werde ich noch genauer an einem **Informationsabend** vorstellen, zu dem ich Sie hiermit herzlich einladen möchte.

Wir, die Klasse _____ und ich, würden uns freuen, Sie

am _____

um _____ Uhr

in Raum _____

begrüßen zu dürfen.

Wenn Sie noch Fragen haben, wenden Sie sich bitte jederzeit an mich.

(Tel. _____)

Mit freundlichen Grüßen

_____

(Unterschrift des Lehrers)

- -

Die Informationen zur Portfolio-Arbeit in der Klasse meiner Tochter/

_meines Sohnes _____

und die Einladung zum Informationsabend habe ich zur Kenntnis genommen.

_____

(Datum, Unterschrift des Erziehungsberechtigten)

© Verlag an der Ruhr ■ Postfach 10 22 51 ■ 45422 Mülheim an der Ruhr ■ www.verlagruhr.de ■ ISBN 978-3-8346-0152-0

Dein Portfolio im Überblick

Was alles in deinem Portfolio enthalten sein muss:

1. Deckblatt:
- ▷ Name, Klasse, Bearbeitungszeitraum, übergeordnetes Thema
- ▷ ausformulierte Forscherfrage

2. Mitwachsendes Inhaltsverzeichnis
(s. unten)

3. Alle Formblätter
- ▷ ordentlich abgeheftet
- ▷ so geordnet, wie im Inhaltsverzeichnis aufgeführt

4. Lösungen der Pflichtaufgaben
- ▷ Blätter mit Rand links und rechts

5. Fakultative Aufgaben
- ▷ mindestens eine freie Arbeit, die in Zusammenhang mit deiner Forschungsfrage steht

Achte außerdem darauf, dein Portfolio mit Seitenzahlen zu versehen!

Das „mitwachsende" Inhaltsverzeichnis

Um die Entstehung und den Inhalt deines Portfolios möglichst übersichtlich darstellen zu können, sollst du ein Inhaltsverzeichnis anlegen. **Darin trägst du ein, was du in dein Portfolio aufgenommen hast, wo und wann. Auch wenn du eine Arbeit oder einen Text wieder herausnimmst, notierst du das und begründest es kurz mit einem Satz.** Damit zeichnet das Inhaltsverzeichnis die Entwicklung deines Portfolios genau nach.
Benutze außerdem ein mehrteiliges **Register**, das Trennblätter in verschiedenen Farben hat. Beschrifte die einzelnen Abteilungen deiner Mappe jedoch noch nicht endgültig, sondern schreibe die Titel der Rubriken auf Klebezettel, die sich ersetzen oder verschieben lassen. So kannst du jederzeit etwas ergänzen.
Ganz zum Schluss **nummerierst** du die Seiten durch.
Diese Nummerierung überträgst du auf dein Inhaltsverzeichnis.

© Verlag an der Ruhr ■ Postfach 10 22 51 ■ 45422 Mülheim an der Ruhr ■ www.verlagruhr.de ■ ISBN 978-3-8346-0152-0

Deine Aufgaben

1. Die Pflichtaufgaben

Für dein Portfolio musst du folgende Aufgaben bearbeiten.
Gib einen **ersten Entwurf** und eine **endgültige Fassung** der
Texte ab. Überarbeite deine Texte zusammen mit anderen in
der Schreibkonferenz.
Achte darauf, dass sie alle **Merkmale der Textsorte** aufweisen.

Aufgabe 1: Schreibe eine **Inhaltsangabe** zu einem von dir ausgewählten Sachtext. Achte darauf, dass der Text zu
dem Thema deines Portfolios und dem inhaltlichen
Gesamtrahmen passt. Den Originaltext legst du
deinem Portfolio bei.

Aufgabe 2: Du bist unerwartet zum Redakteur der Schülerzeitung ernannt worden. Schreibe einen **Bericht** über
deine derzeitige Arbeit am Portfolio, der in der
Schülerzeitung abgedruckt wird. Bring dem Leser
sachlich deine Forscherfrage nahe, und berichte
über dem Ablauf deiner Arbeit.

Aufgabe 3: Verfasse ein **Ergebnisprotokoll** über eine Peer-
Beratungssitzung deiner Mitschüler. Beachte dabei
auch die äußere Form des Protokolls.

Aufgabe 4: Verfasse einen **argumentativen Text**, mit dem du
deine Forschungsfrage beantwortest. Halte die drei
Schritte des Argumentierens ein:
These – Begründung – Beispiel.

2. Die fakultativen Aufgaben

Den Inhalt und die Form der fakultativen Arbeiten kannst du frei
wählen. Einzige Bedingung: Sie müssen in erkennbarem **Zusammenhang mit deiner Forscherfrage** stehen. Begründe den Zusammenhang schriftlich, und erkläre kurz, wie du deine Arbeiten
angefertigt hast.

© Verlag an der Ruhr ■ Postfach 10 22 51 ■ 45422 Mülheim an der Ruhr ■ www.verlagruhr.de ■ ISBN 978-3-8346-0152-0

Das
Portfolio-Konzept in der Sekundarstufe

Der Orientierungsbogen

Ein Thema zu finden und anschließend eine **Forscherfrage** zu formulieren, ist nicht ganz einfach. Dieser Orientierungsbogen soll dir dabei helfen.

1. Welches der folgenden Bilder spricht dich am meisten an?

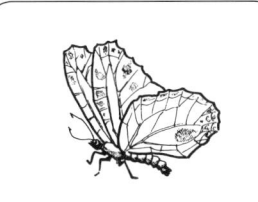   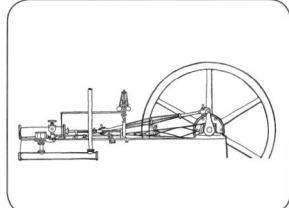

2. Du bist mit einem Freund oder einer Freundin verabredet, und ihr wollt gemeinsam ein **Museum** besuchen.
Für welches entscheidet ihr euch?
- ▷ Museum über die Geschichte eurer Stadt
- ▷ Ein Kunst-Museum
- ▷ Ein Naturkunde-Museum
- ▷ Ein Technik-Museum

3. Du hast bei einem Gewinnspiel eine Reise gewonnen.
Für welches der folgenden **Reiseziele** würdest du dich entscheiden?
- ▷ Ein Land in Südeuropa, z.B. Spanien
- ▷ Die USA oder Kanada
- ▷ Ein Land in Südostasien, z.B. Thailand
- ▷ Eine der karibischen Inseln

4. Welches **Fach** magst du in der Schule besonders?
Welches Unterrichtsfach müsste deiner Meinung nach noch erfunden werden?

_____

_____

Haben die Bilder und Fragen bei dir Interesse für ein bestimmtes **Themengebiet** geweckt? Nenne einige Themen, die dich besonders interessieren:

_____

_____

© Verlag an der Ruhr ■ Postfach 10 22 51 ■ 45422 Mülheim an der Ruhr ■ **www.verlagruhr.de** ■ ISBN 978-3-8346-0152-0

Das Schüler-Eltern-Lehrer-Gespräch

Für dich als Portfolioautor beginnt das Beratungsgespräch damit, dass du allen Anwesenden deine bisherige Arbeit vorstellst.

— Gehe dabei so vor: —

1. Erläutere deinen Gesprächspartnern kurz das **Thema** deines Portfolios und in welchem **Zusammenhang** es zum normalen Unterricht steht.

2. Erläutere, **warum** du dich für diese Forscherfrage entschieden hast.

3. Berichte, **wie** du in den vergangenen Stunden vorgegangen bist.

4. Nenne Dinge, die dir gut gelungen sind und mit denen du **zufrieden** bist.

5. Mache auch deutlich, wo du Schwierigkeiten hast und womit du **unzufrieden** bist.

6. Formuliere, was du für die **Weiterarbeit** geplant hast.

© Verlag an der Ruhr ■ Postfach 10 22 51 ■ 45422 Mülheim an der Ruhr ■ www.verlagruhr.de ■ ISBN 978-3-8346-0152-0

Das
Portfolio-Konzept in der Sekundarstufe

Checkliste für das
Schüler-Eltern-Lehrer-Gespräch

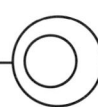

Bei der Vorstellung des Portfolios durch Ihre Tochter/Ihren Sohn sollten Sie folgende Aspekte beurteilen.
Kreuzen Sie die zutreffenden Aussagen an.

1. Meine Tochter/mein Sohn ...

○ gibt einen sinnvollen und nachvollziehbaren Überblick über das Thema.

○ ist bei der Darstellung des Themas unsicher.

○ hat selbst nur eine vage Vorstellung vom Thema.

2. Meine Tochter/mein Sohn ...

○ macht deutlich, in welchem größeren Zusammenhang das Thema steht.

○ kann das Thema nicht in einen größeren Unterrichtszusammenhang einordnen.

○ ist sich nicht bewusst, weshalb er/sie das Thema bearbeitet.

3. Meine Tochter/mein Sohn ...

○ kann seine/ihre Vorgehensweise in einzelnen Schritten darstellen.

○ kann unterschiedliche Tätigkeiten oder Vorgehensweisen aufzählen.

○ kann keine Handlungsabfolge darstellen.

4. Meine Tochter/mein Sohn ...

○ kann differenziert über Gelungenes und nicht Gelungenes Auskunft geben.

○ kann nur einen Aspekt seiner Arbeit nennen.

○ kann Vorzüge/Schwachpunkte seiner/ihrer Arbeit nicht benennen.

© Verlag an der Ruhr ■ Postfach 10 22 51 ■ 45422 Mülheim an der Ruhr ■ www.verlagruhr.de ■ ISBN 978-3-8346-0152-0

Das Schüler-Eltern-Lehrer-Gespräch

Beurteilung der Eltern

Autor/in des Portfolios: _____

Beurteilung durchgeführt am: _____

Ich habe/Wir haben dein Portfolio sorgfältig gelesen.

▷ Das gefällt mir/uns:

_____

_____

▷ Weniger gut gefallen hat mir/uns:

_____

_____

▷ Folgendes ist mir/uns noch unklar:

_____

_____

▷ Mein/unser Interesse geweckt hat:

_____

_____

▷ Mein/unser Tipp für dich:

_____

_____

© Verlag an der Ruhr ■ Postfach 10 22 51 ■ 45422 Mülheim an der Ruhr ■ www.verlagruhr.de ■ ISBN 978-3-8346-0152-0

**Das
Portfolio-Konzept** in der Sekundarstufe

Qualitätseinschätzung meines Portfolios

Datum: _____ Klasse: _____

Name: _____

1. Das Portfolio enthält _____ Arbeiten, davon sind _____ fakultative Aufgaben.

2. Zum **Aufbau und Inhalt** des Portfolios:

   a) Formblätter
   - ☐ vollständig vorhanden
   - ☐ unvollständig enthalten

   b) Ausgestaltung
   - ☐ sorgfältig
   - ☐ wenig sorgfältig

   c) Fachliche Inhalte
   - ☐ richtig
   - ☐ fehlerhaft

   d) Reflexionsbögen
   - ☐ sorgfältig erstellt
   - ☐ lückenhaft

   e) Lernfortschritt
   - ☐ sichtbar
   - ☐ nicht sichtbar

3. Einschätzung der **Pflichtaufgabe „Inhaltsangabe"**

   a) Inhalt
   - ☐ vollständig
   - ☐ unvollständig

   b) Umfang
   - ☐ umfassend
   - ☐ zu gering

   c) Aufbau
   - ☐ logisch
   - ☐ unlogisch

   d) Sachliche Sprache
   - ☐ vorhanden
   - ☐ nicht vorhanden

   e) Zeitstufe: Präteritum
   - ☐ durchgehend eingehalten
   - ☐ nicht eingehalten

Anmerkungen:

_____

© Verlag an der Ruhr ■ Postfach 10 22 51 ■ 45422 Mülheim an der Ruhr ■ www.verlagruhr.de ■ ISBN 978-3-8346-0152-0

Qualitätseinschätzung meines Portfolios

4. Einschätzug der **Pflichtaufgabe „Bericht"**

a) Einleitungssatz
- ☐ vollständig
- ☐ Angaben fehlen

b) Umfang
- ☐ umfassend
- ☐ zu gering

c) Darstellung der Handlungsschritte
- ☐ gelungen, verständlich
- ☐ eher unklar

d) Sprache
- ☐ Berichtstil, sachlich
- ☐ eher unsachlich

e) Zeitstufe: Präteritum
- ☐ durchgehend eingehalten
- ☐ nicht eingehalten

Weitere Anmerkungen:

_____

5. Einschätzung der **Pflichtaufgabe „Protokoll"**

a) Inhalt
- ☐ vollständig
- ☐ lückenhaft

b) Gliederung
- ☐ logisch
- ☐ eher unlogisch

c) Form des Protokolls
- ☐ eingehalten
- ☐ nicht eingehalten

d) Darstellung der Ergebnisse
- ☐ verständlich, übersichtlich
- ☐ unverständlich, verwirrend

e) Zeitstufe: Präteritum
- ☐ eingehalten
- ☐ nicht eingehalten

6. Einschätzung **Pflichtaufgabe „argumentatives Schreiben"**

a) Beantwortung der Forscherfrage
- ☐ vollständig
- ☐ unvollständig

b) Inhalt
- ☐ sachlich richtig
- ☐ sachlich falsch

c) Argumentative Struktur
(_These-Begründung-Beispiel_)
- ☐ eingehalten
- ☐ nicht eingehalten

_____

(Datum)   _(Unterschrift des Portfolio-Inhabers)_

© Verlag an der Ruhr ■ Postfach 10 22 51 ■ 45422 Mülheim an der Ruhr ■ www.verlagruhr.de ■ ISBN 978-3-8346-0152-0

Das
Portfolio-Konzept in der Sekundarstufe

Beurteilung deiner Portfolio-Präsentation (1)

Vortragende/r: _____

Forscherfrage: _____

1. Gliederung:

nicht nachvollziehbar, ungeschickt	1 ☐	2 ☐	3 ☐	4 ☐	klar erkennbar, zielgerichtet, hilfreich für Zuhörer

2. Sachwissen:

falsch, ungenau, schlecht vorbereitet, Forscherfrage ungenau oder zu komplex	1 ☐	2 ☐	3 ☐	4 ☐	fundiertes Wissen, gut formulierte Forscherfrage

3. Argumentation:

unlogisch, Thesen oder Argumente nicht nachvollziehbar	1 ☐	2 ☐	3 ☐	4 ☐	treffend, schlüssig, überzeugend

4. Informationsdichte:

niedrig, überflüssige Informationen	1 ☐	2 ☐	3 ☐	4 ☐	hoch, sinnvolle Zusatzinformationen

5. Reflexion:

nicht vorhanden, Lernfortschritt kaum erkennbar	1 ☐	2 ☐	3 ☐	4 ☐	gut dargestellt, überzeugend, Lernfortschritt erkennbar

6. Sprache:

unverständlich, umständlich, unsicher, unangemessen	1 ☐	2 ☐	3 ☐	4 ☐	verständlich in Satzbau und Wortwahl, sicher im Ausdruck, Verwendung und Erklärung von Fachbegriffen

7. Sprechtempo und Sprechweise:

zu schnell, keine Pausen, stockend, Hänger, monotone Stimmführung	1 ☐	2 ☐	3 ☐	4 ☐	angemessen, Pausen im richtigen Moment, gute Betonung

© Verlag an der Ruhr ■ Postfach 10 22 51 ■ 45422 Mülheim an der Ruhr ■ www.verlagruhr.de ■ ISBN 978-3-8346-0152-0

Beurteilung deiner Portfolio-Präsentation

8. Gestik/Haltung:

verschlossen, ver-krampft, nervös, steif	1 ☐	2 ☐	3 ☐	4 ☐	offen, unterstreicht das Gesagte

9. Blickkontakt:

fehlt, unsicher, vom Blatt abgelesen, nur einige Personen „fixiert"	1 ☐	2 ☐	3 ☐	4 ☐	(relativ) freie Sprech-weise, Mitschüler fühlen sich angesprochen

10. Interesse:

Zuhörer gelangweilt, kein Bezug zum Publi-kum, Über-/Unter-forderung der Hörer	1 ☐	2 ☐	3 ☐	4 ☐	Interesse der Mitschüler geweckt; Spannung aufrechterhalten

11. Redeziel:

Redeziel verfehlt, Antwort auf Forscher-frage unklar, nicht ausreichend	1 ☐	2 ☐	3 ☐	4 ☐	Forscherfrage beant-wortet, den Zuhörer überzeugt

12. Medieneinsatz:

Zu wenig, zu viel, nicht immer sinnvoll, verwirrend, zu kleines/unscharfes Schriftbild	1 ☐	2 ☐	3 ☐	4 ☐	sinnvoll, angemessen, veranschaulichend, leserlich

13. Fachliche Rückfragen:

unsichere Reaktion, fachliches Wissen nicht ausreichend für Beantwortung	1 ☐	2 ☐	3 ☐	4 ☐	kompetent beantwortet, sichere Reaktion

1 = sehr schlecht; 2 = schlecht; 3 = gut; 4 = sehr gut

Gesamtpunktzahl: _____

Note: _____

© Verlag an der Ruhr ■ Postfach 10 22 51 ■ 45422 Mülheim an der Ruhr ■ www.verlagruhr.de ■ ISBN 978-3-8346-0152-0

Das
Portfolio-Konzept in der Sekundarstufe

Mein Abschlusslernbericht

Nachdem du die Arbeit an deinem Portfolio beendet hast, beantworte bitte folgende Fragen:

Das hat mich an meinem Thema besonders interessiert:

_____

_____

Das habe ich neu dazugelernt:

_____

_____

_____

Das hat mir Schwierigkeiten bereitet:

_____

_____

_____

Meinen Lernfortschritt schätze ich in einer Skala von eins bis zehn folgendermaßen ein:

schlecht ① ② ③ ④ ⑤ ⑥ ⑦ ⑧ ⑨ ⑩ sehr gut

Das werde ich bei meinem nächsten Portfolio anders machen:

_____

_____

Das wünsche ich mir für die nächste Portfolio-Arbeit:

_____

_____

© Verlag an der Ruhr ■ Postfach 10 22 51 ■ 45422 Mülheim an der Ruhr ■ www.verlagruhr.de ■ ISBN 978-3-8346-0152-0

Dein Portfolio-Brief

Am Schluss deiner Arbeit an deinem Portfolio sollst du einen
Brief an den Leser deines Portfolios schreiben, in dem du
deinen Lernprozess nachvollziehbar beschreibst.

Beantworte darin folgende Fragen:

▷ Welche Arbeit ist dir deiner Meinung nach am besten
  gelungen?

▷ Mit welcher Arbeit bist du nicht zufrieden, und warum nicht?

▷ Nach welchen Kriterien hast du deine fakultativen Arbeiten
  angefertigt?

▷ In welchem Zusammenhang stehen sie zu deiner
  Forscherfrage?

▷ Welche Aufgaben fandst du besonders interessant?

▷ Mit welchen Aufgaben hattest du am meisten Schwierigkeiten,
  und weshalb?

▷ Was würdest du bei deinem nächsten Portfolio
  anders machen?

▷ Wie würdest du deinen eigenen Lernfortschritt beurteilen?
  Was hast du an Wissen und Fähigkeiten dazugelernt?

Dein Brief könnte so beginnen:

Liebe Leserin, lieber Leser meines Portfolios,

in meinem Portfolio habe ich mich mit dem Thema:
... beschäftigt.

Besonders stolz bin ich auf ...
Gut gelungen sind mir ...

Schwierigkeiten hatte ich bei ...
Es fiel mir nicht leicht ...

Beim nächsten Portfolio würde ich ...

© Verlag an der Ruhr ■ Postfach 10 22 51 ■ 45422 Mülheim an der Ruhr ■ www.verlagruhr.de ■ ISBN 978-3-8346-0152-0

Beurteilung deines Portfolios

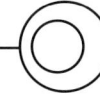

Bewertungskategorie	mögliche Punkte	erreichte Punkte
Inhalt		
Die Lösungen der Pflichtaufgaben halten alle Vorgaben ein, Sprache und Stil entsprechen der Textform, der Aufbau ist logisch und nachvollziehbar.	6	
Die Lösungen deiner fakultativen Aufgaben weisen alle einen erkennbaren Bezug zur Forscherfrage auf.	6	
Deine Erklärung ihrer Entstehung ist umfassend und nachvollziehbar.	6	
Die Portfolio-Texte zeigen eine intensive Auseinandersetzung mit dem Thema.	6	
Ergebnis		
Form		
Dein Portfolio enthält alle Formblätter.	6	
Dein Inhaltsverzeichnis ist vollständig, übersichtlich und enthält alle notwendigen Zusatzinformationen (Datum ...)	6	
Die Formblätter sind sorgfältig und umfassend bearbeitet.	6	
Die von dir erstellten Arbeiten sind sauber und leserlich gestaltet.	6	
Die Struktur deines Ordners ist übersichtlich und sinnvoll angelegt.	6	
Ergebnis		
Lernfortschritt und Reflexion		
Der persönliche Lernfortschritt ist deutlich erkennbar.	6	
Die Tipps der Berater wurden erfolgreich umgesetzt.	6	
Das Portfolio zeigt deutliche Belege selbstständigen Arbeitens.	6	
Die Fähigkeit zur Selbstreflexion ist klar erkennbar.	6	
Ergebnis		

Ergebnisse der Teilbereiche	Gewichtung
Inhalt	x 3 =
Form	x 1 =
Eigener Lernfortschritt	x 2 =
Gesamtnote	

© Verlag an der Ruhr ■ Postfach 10 22 51 ■ 45422 Mülheim an der Ruhr ■ www.verlagruhr.de ■ ISBN 978-3-8346-0152-0

Literatur

Adamski, Peter:
**Bewertungsprobleme bei Portfolio-
und Projektarbeit – Thesen zum
Vortrag am 18.09.2003.**
Veröffentlicht 2004 im Internet unter:
*www.n-21.de /fachtagung/projektar-
beit/ adamski/Adamski_-_Bewertungs-
probleme_bei Portfolio.pdf*

**Bildungsplan Realschule Baden-
Württemberg.** *Ministerium für
Kultus, Jugend und Sport (Hrsg.).*
Philipp Reclam Junior, 2004.

*Brunner, Ilse; Häcker, Thomas;
Winter, Felix:*
Das Handbuch Portfolioarbeit.
Kallmeyersche Verlagsbuchhandlung,
2006. ISBN 3-7800-4941-4

Bostelmann, Antje:
**Das Portfolio-Konzept in der
Grundschule.** Individualisiertes Lernen
organisieren. Verlag an der Ruhr, 2006.
ISBN 3-83460-137-3

Brunner, Ilse; Schmidinger, Elfriede:
**Gerecht beurteilen. Portfolio:
die Alternative für die Grund-
schulpraxis.** Veritas, 2000.
ISBN 3-7058-5563-8

Brunner, Ilse; Schmidinger, Elfriede:
Leistungsbeurteilung in der Praxis.
Der Einsatz von Portfolios im Unterricht
der Sekundarstufe 1. Veritas, 2001.
ISBN 3-7058-5817-3

Bohl, Thorsten:
**Prüfen und Bewerten im
Offenen Unterricht.**
Beltz Verlag, 2005. ISBN 3-407-25420-2

Easley, Shirley-Dale; Mitchell Kay:
**Arbeiten mit Portfolios – Schüler
fordern, fördern und fair beurteilen.**
Verlag an der Ruhr, 2004.
ISBN 3-86072-869-5

Häcker, Thomas:
**Der Portfolioansatz – die Wieder-
entdeckung des Lernsubjekts?**
In: Die Deutsche Schule. Heft 2.
Leske und Budrich, 1994.

Häcker, Thomas:
**Selbstbestimmung fördern.
Portfolioarbeit in Schreib-
und Lesezentren.**
In: Bräuer, Gerd (Hrsg.). Schreiben(d)
lernen. Ideen und Projekte für die
Schule. Edition Körber Stiftung, 2004.
ISBN 3-89684-039-8

Lissmann, Urban:
**Beurteilung und Beurteilungs-
problem bei Portfolios.**
In: Jäger, Reinhold (Hrsg.). Von der
Beobachtung zur Notengebung.
Verlag Empirische Pädagogik, 2000.
ISBN 3-937333-04-5

Melograno, Vincent. J.:
**Portfolio Assessment. Documenting
Authentic Student Learning.**
Journal of Physical Education, Jg. 65.
Heft 8. Hofmann, 1994.

Rolff, Hans-Günther:
Wandel durch Selbstorganisation.
Theoretische Grundlagen und prak-
tische Hinweise für eine bessere Schule.
Juventa, 1995. ISBN 3-779910-11-X

Schwarz, Johanna:
**Die eigenen Stärken veröffentlichen
– Portfolios als Lernstrategie und
alternative Leistungsbeurteilung.**
In: Friedrichs Jahreshefte. Heft 19.
Erhard Friedrich Verlag, 2001.

Winter, Felix:
**Leistungsbewertung – Eine neue
Lernkultur braucht einen anderen
Umgang mit den Schülerleistungen.**
Schneider, 2004. ISBN 3-89676-740-2

Winter, Felix; Groeben, Annemarie:
**Von der Leistung sehen, fördern,
werten.** Neue Wege für die Schule.
Klinkhardt, 2002. ISBN 3-7815-1196-0

Linktipps

■ **www.portfolio-schule.de**
Seite mit Informationen rund um die
Portfolioarbeit. Neben vielen Hin-
weisen für den Unterricht enthält sie
eine Liste mit Portfolioexperten als
Ansprechpartner.

■ **www.ph-freiburg.de/
schreibzentrum**
Auf dieser Seite des Freiburger
Schreibzentrums wird das Portfolio-
konzept unter dem Stichwort
„Reformen durch Portfolios" als
Reforminstrument für den Schreib-
unterricht vorgestellt.

■ **http://pz.bildung-rp.de/pn/pn2_
98/s08-10.htm**
Auf dieser Seite führt Hanns Reichel
vom Pädagogischen Zentrum Rhein-
land-Pfalz in die Grundlagen und
Bedingungen des selbstgesteuerten
Lernens ein.

■ **www.learningfactory.ch/
downloads/dateien/
portfolio-www.pdf**
Hier wird das Portfolio als multi-
funktionales Werkzeug im Unterricht ausführlich dargestellt.

■ **www.lehrer-online.de/dyn/9.
asp?url=395130.htm**
Das Online-Portal für Lehrer
präsentiert eine Portfolioeinheit
zum Thema „Buchvorstellung in der
10. Klasse".

■ **www.verlagruhr.de**
Da sich Internetadressen schnell
verändern können, finden Sie auf
unserer Homepage unter dem Titel
„Das Portfolio-Konzept in der Sekundarstufe" eine stets aktualisierte
Linkliste aller Internetadressen aus
dieser Mappe.